基本のキホン

やさしい・かんたん

CONVERSATION SKILLS

話し方

編｜日本能率協会マネジメントセンター

JN064812

はじめに

　本書では、「敬語」や「伝え方」の基本を紹介していきますが、話し方で大切なのは知識だけではありません。いかに相手のことを敬い、気遣えるかが上手な話し方には必要です。逆にいえば、相手を尊ぶ気持ちさえしっかりしていれば、敬語が多少拙かったとしても、相手とうまくやっていくことができます。もちろん知識も頭を整理するためには必要ですが、「どのようにすれば相手と心地よい関係が築けるのか」をイメージしながら、本書を読み進めるようにしましょう。「上手に話せる」ということは、社会人生活の大きな武器になります。この本がその基礎づくりに役立つことを願っています。

やさしい・かんたん
話し方

第**3**章

印象アップには欠かせない！
知っておきたい敬語の使い分け

覚えておきたい

相手に響く話し方

COLUMN

第 1 章

\ 社会人生活に差がつく！ /

話し方の
基本

「上手な話し方とはなんなのか？」「うまく話せ
ると、どんなよいことがあるのか？」「話し方を
上達させるには、なにが必要なのか？」を改め
て考えてみましょう。話し方に対するイメージ
が変われば、より前向きに、効率的に上手な話
し方が身につけられるようになります。

話し方に気を遣うメリット①
円滑に業務が進められる

● 仕事ができても話し方で損をしてしまう

「話し下手だけど、処理能力が高いAさん」「話し上手だけど、至らないところもたくさんあるBさん」だと、仕事がうまくいくのはどちらでしょうか？　**よほど専門的な能力を持っていない限り、話し上手のBさんが重宝される場合が多いでしょう。**業務でできないことは教えてもらえますが、職場では話し方までは教えてくれません。話し下手で社内外のコミュニケーションに問題があるようでは、大切な仕事は任せられないし、業務を教えるのも難しくなってしまいます。

● ビジネスでも人間関係が大切

言葉遣いが失礼だったり、伝え方が下手で何を言いたいかわからなかったりすると、人間関係に悪影響をあたえかねません。ビジネスにおいての人間関係では、**「一緒に心地よく仕事ができるか」が重要**になってきます。信頼関係が築ければ、業務が円滑に進められる一方で、不信感を持たれると何度も確認されたり、承認が得られなかったりして、余計な苦労を強いられることになります。

● 若手社員こそ話し方を大切にしよう

話し方が悪いと、自分では気がつかないうちに人間関係を悪化させる可能性があります。**若手のうちは「まだ経験が少ないから仕方がない」と大目に見てもらえるものです。**その間にきちんとした話し方を身につけることがとても重要です。

話し方があたえるよい影響

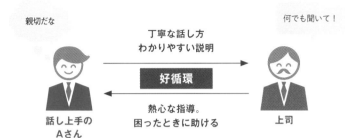

・わかりやすく、好印象をあたえるような話し方をすると、自分にも大きなメリットがある
・相手のことを考えて話せるようになると、信頼関係が築けるようになり、業務を円滑に進められる

話し方があたえる悪い影響

相手を気遣った話し方ができないと、必要以上に心配されたり、困ったときに助けてもらえない

Point
☑ 話し上手だと、**仕事がスムーズに回るようになる**
☑ 話し方の気遣いが、**よりよい人間関係につながる**
☑ **若手のうちが、話し方を改善するチャンス**

話し方に気を遣うメリット②
印象がよくなる

● 話し方で会社の評価も左右される

　取引先の人と話す場面を想像してみてください。例えば相手がことあるごとに「させていただきますね（48ページ）」と過剰な敬語を使っていたら、「まじめだけど不器用な人なのかな」「融通が利かなそうで少し心配だな」といった印象になるはずです。また、**その人が所属する会社に対しても、「指導をちゃんとしない会社なのかな？」とマイナスの印象を抱いてしまう場合もあります**。話し方は印象形成に大きな影響をあたえます。敬意が伝わる話し方や、わかりやすい話し方ができれば、本人だけでなく会社の評価も上がります。

話し方で変わる印象

\NG!/ 10時にまた来てください

\OK!/ 恐れ入りますが
10時に改めてお越しいただけますか？

● 間違った敬語を気にする人もいる

　意外と気にする人がいるのが、敬語です。「ら抜き言葉」を使う人が増えてきているように（52ページ）、正しい言葉というのは移り変

わっていきます。そのため、「無理に気にしすぎなくてもいい」という意見もありますが、**敬語の使い方に厳しい人もいます**。直接、間違っていると指摘してもらえたらいいのですが、「この人は敬語も使えない人なんだ」と思われ、悪印象を持たれてしまう場合もあります。言い換えればこのとき、しっかりと敬語が使えれば、印象をよくすることができます。

● 簡潔に伝えられると信頼される

忙しいビジネスシーンにおいて、簡潔に伝えられないというのは致命的です。「話が長く、伝えたいことがわからない」と思われてしまうと、一気に「仕事ができない人だ」というレッテルを貼られてしまうこともあるでしょう。**結論から伝える**（130ページ）などのテクニックを上手に使いこなし、簡潔に伝えることができると、仕事ができて信頼できる人だと思われるようになります。

印象を分けるポイント

敬語	やりすぎもよくないが、使うべきタイミングで敬語を使いこなせると印象がよくなる。敬語の正しさだけでなく、相手への心遣いができているかにも注意（14ページ）
わかりやすさ	相手も聞いた内容を上司などに説明する必要があるため、簡潔な説明を求めている。わかりやすく話せればそれだけで印象がよくなる
双方向性	一方的に話すのも印象がよくない。相手が何を求めているのか、しっかりと聞く姿勢を見せることが、印象アップにつながる

Point
- ☑ 話し方は会社の印象も左右する
- ☑ 敬語を気にする人は意外と多い
- ☑ 説明力がないと印象が悪くなってしまう

話し方に気を遣うメリット③
評価されやすくなる

● 話し方で年収が3倍になった例もある

話し方が成績と直結する仕事が営業です。敬意が感じられる話し方ができるのはもちろん、自社の商品に興味を持ってもらうには、相手の立場に立って「どんな言葉が響くのか」を考える必要があります。ある人は、もともと営業成績が悪かったのですが、**結論から話すこと（130ページ）を追求して成績を伸ばし、年収が350万円から1050万円に上がった**といいます。

取引先の評価を上げる話し方

できかねます

敬語ができていたとしても、ただ断ってしまうと敬意は伝わらない

難しいのですが、社内で検討してみます

代替案も含めて検討したことが伝われば、相手も納得しやすくなる

● 会話上手になると積極性が増す

相手を尊重した話し方ができると、異なるバックグラウンドを持つ人や利害関係のある人とも会話が楽しめるようになります。**そうなると積極性が増し、どんどんあたらしいチャレンジができるようになり**

ます。その結果、社内外に豊かな人間関係を築くことができれば、会社からは欠かせない人材として評価されるはずです。

● 嫌な上司ともうまくやれるようになる

多くの人が直面するのが、直属の上司とそりが合わないという問題です。さまざまな価値観を持つ人がいる職場では、気が合わない人がいるのは当然のこと。それでも適度な距離感を保ち、付き合っていく必要があります。ある新入社員は、**上司とうまくいっていなかったものの、関心を持って話を聞くことを意識したところ、一転良好な関係を築けるようになりました**。それにより、会社からの評価も上向いたといいます。

尊敬できる人は好かれる

みなさまのおかげです

「自分の努力で成功した」という素振りを見せる人より、感謝を口にできる人のところに、人は集まってくる

聞き方も大切なポイント

はぁ、そうなんですか…

えっ
それは楽しみ
ですね

話をしっかり聞いているかは、相手に伝わるもの。内容をイメージしながら、興味を持って話を聞こう

Point

☑ 話し方を工夫して成功した例は、数多くある
☑ コミュニケーションに自信が持てるようにもなる
☑ 直属の上司とも関係が良好になる

話し方の
マナーを理解しよう

• ビジネスシーンでの話し方はマナーと似ている

　マナーの原則に「相手が心地よく感じられるようにふるまう」というものがあります。マナーにおいて礼儀作法を重んじるのは、「このような場面では普通はこうするのに…」と相手が感じるのを避けるためです。**常にふさわしい行動がとれると、相手は違和感を抱くことなく、心地のよい時間をすごすことができます。**ビジネスシーンでの話し方も同様で、仕事における常識から外れすぎないようにするのが大切です。「当たり前のルールを知らない」という人とは、信頼関係を築きにくいものです。常識をわきまえていると、相手が不信感を抱きにくくなり、安心して仕事を一緒に進められます。**心地よく仕事をしてもらうためにも、話し方のマナーを押さえておきましょう。**

• ルールにとらわれすぎないことも大切

　ビジネスシーンの話し方とマナーは「相手が心地よく感じられるようにふるまう」という点で似ていますが、違う部分もあります。それはマナーが形式を重視することが多いのに対して、ビジネスシーンの話し方は仕事で役立つかどうかを重視します。例を挙げると、いくら敬語の知識が豊富だからといって、**急いでいるときに丁寧すぎる話し方をしてしまったら、相手にとっては「心地の悪い」話し方になってしまいます。**また、社長や取引先と話すような丁寧な敬語で同僚と話していると、相手に距離を感じさせてしまいます。形式にとらわれすぎず、どうするのが相手にとって心地がよいのかを、常に意識するようにしましょう。

Re...

話し方とマナーの共通点と違い

共通点	**一定の ルールがある**	マナーにさまざまな作法があるように、話し方にも敬語や伝え方などのルールが存在する
	相手の心地よさを 目的とする	どちらも相手に心地よさをあたえるために、ふるまう必要がある
違い	**話し方は丁寧な対応が マイナスに働く こともある**	ビジネスの現場では、丁寧さ以外にも「スピード感」や「打ち解けやすさ」などが重視される場合があり、比較的形式を重んじるマナーとは異なる

ビジネスでの心遣いの例

これから商談なの

お忙しいなら、メールをお送りします

相手の状況を見て、話し方を変えたり、話しかけるのをやめたりする工夫も大切

5分ほどお時間いただけますか？

そのぐらいであればいいよ

忙しい相手に時間をもらいたいときは、どのくらいかかりそうかを正確に伝えると返事がしやすくなる

Point
☑ 相手の心地よさを考えて話すようにしよう
☑ 形式にこだわりすぎないことも大切
☑ ときには敬語を崩すのも有効

心を込めて相手と接しよう

● 矢印を外側に向ける

　敬語を気にしだすと、「間違った敬語を使ってしまっていないか」「この話し方で怒られないだろうか」と心配になってしまいます。その結果、二重敬語（32ページ）など、違和感をあたえてしまうような敬語を使ってしまう人がいます。相手に失礼にならないように心がけるのは大切なことですが、**少し肩の力を抜いてリラックスして話すのも大切**です。敬語を正しく使えているか気にしすぎてしまう人は、「怒られたくない」「評価を下げたくない」という意識ではなく、「相手に喜んでもらいたい」という意識を持つようにしましょう。**矢印を自分ではなく相手に向けると、何を求めているのかに気がつきやすくなります**。自分に意識を向けると緊張しやすくもなるので、なるべく意識を外側に向けてみましょう。

● 専門用語を使わない

　相手に意識を向けてみると、いろんなことに気がつきます。「今、どんな感情か」「自分の話を理解できているか」「緊張しているか、リラックスしているか」などの情報は、話し手にとって重要です。もし自分が使っている言葉が相手に通じていないのであれば、**わかりやすい言葉に言い換えて話す**必要があります。業界用語や社内でしか通じない言葉を外部の人に使ってしまうと、相手は「自分に気を遣って話してくれない人だ」と認識してしまいます。ほかにも、「話すスピードが速すぎる」「難しい話をしすぎる」「相手が聞きたい話をしていない」といったことは、信頼を失うきっかけになります。

• 誠心誠意対応する

　自分に気を遣ってくれているかどうかは、意外と相手に伝わるものです。いくら丁寧に話していても気遣いを忘れ誠意を欠いていると信頼関係は崩れてしまいます。「お願いしているのに真剣に取りあってもらえない」「こちらの立場を配慮してくれない」と相手が感じてしまうと、印象が悪くなるので気をつけましょう。**とくにデリケートな話題のときは注意が必要です**。例えば、災難に見舞われた人に、話を聞かなければならないとき、どう話すかでその人の印象が決まります。「とてもつらいことだったと思いますが……」と相手に共感する姿勢を示したり、「お聞きするのもはばかられるのですが……」と慎重に切り出したりすることが求められます。

矢印の向け方による違い

内向きの場合

自分の状態ばかり気にしてしまうと、相手に注意が向かなくなる。それにより、相手への心配りができなくなる

怒られたくないから敬語を使わなきゃ

緊張しているのかな?

あまり話したくないな…

外向きの場合

相手を気遣う気持ちを持ち、相手に意識を集中できれば、自然と相手を気遣った話し方ができる

ちゃんと伝わっているかな?

気遣ってくれてるな

今どんな、気分かな?

Point

☑ 自分ではなく **相手に注目する**ようにする
☑ 相手が **理解できる**話し方を心がける
☑ 相手を **気遣う意識**を持つようにしよう

1-6 敬語をマスターしてデキる社会人に

話し方のポイント①
敬語の使い方

● 多くの人が感じる言葉の乱れ

　文化庁が令和３年度におこなった、「国語に関する世論調査」によると、「言葉や言葉の使い方について社会全般で課題があると思うか」という問いに「はい」と答えた人は全体の84.6％でした。そのうち約６割の人が、「改まった場で、ふさわしい言葉遣いができていないことが多い」ことを課題として挙げています。また、**43.2％の人が「敬語の乱れ」を挙げており、多くの人が言葉の使い方に問題意識があることがわかります**。これだけの人が言葉遣いを気にしているため、相手に違和感をあたえないためには敬語を使いこなせるようにする必要があるのです。

● 相手を不快に思わせない

　まずは相手を不快に思わせないよう、**２章の内容をもとにやりがちな敬語のミスを失くしていきましょう**。言葉遣いの失敗は、意外と自分では気がつかないものです。周りの人も気がついても指摘しにくいので、自分で言葉遣いの間違いに気づけるようになりましょう。そして、積極的に直すように心がけます。

● 相手や場面に応じて使い分ける

　敬語には、**相手の立場によって使い方を変えるという基本的なルールがあります**。上司や先輩、社外の人などで、敬語の使い方が変わってくるのです。詳しくは３章でそのルールを解説します。社会人でも

敬語の使い分けができない人は多いです。敬語を使いこなせれば、他の人と差をつけることができます。

令和3年度「国語に関する世論調査」の結果

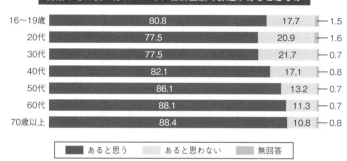

言葉やその使い方について、社会全般で課題があると思うか

	あると思う	あると思わない	無回答
16～19歳	80.8	17.7	1.5
20代	77.5	20.9	1.6
30代	77.5	21.7	0.7
40代	82.1	17.1	0.8
50代	86.1	13.2	0.7
60代	88.1	11.3	0.7
70歳以上	88.4	10.8	0.8

とくに50代以降が85%以上と、問題意識を持っていることがわかる

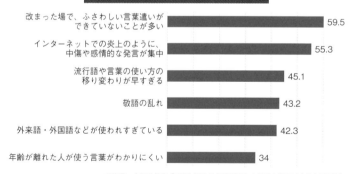

どのような課題があると思うか

改まった場で、ふさわしい言葉遣いができていないことが多い	59.5
インターネットでの炎上のように、中傷や感情的な発言が集中	55.3
流行語や言葉の使い方の移り変わりが早すぎる	45.1
敬語の乱れ	43.2
外来語・外国語などが使われすぎている	42.3
年齢が離れた人が使う言葉がわかりにくい	34

※出典：令和3年度「国語に関する世論調査」の結果の概要（文化庁国語課）
※小数第2位を四捨五入しているため、合計が100%にならない場合がある

Point

☑ 気にする人が多い敬語をしっかりと身につけよう
☑ 間違いがちな敬語を知るところからはじめよう
☑ 敬語の使い分けができるとまわりと差がつけられる

話し方のポイント②
言い換えを意識

● 無理に使うよりも「言い換え」で逃げよう

　敬語で大きな失敗をするときは、いかにも敬語らしく聞こえる言葉を無理に使おうとする場合が多いです。例えば、飲食店でよく耳にする「こちらオムライスになります」という言い方ですが、「なります」は「変化する」という意味を持つ言葉なので誤りです。正しくは、「こちらはオムライスでございます」なのですが、言いにくいようであれば「ご注文のオムライスをお持ちしました」といった言い方でも大丈夫です。大切なのは、相手が違和感や不快感を抱かないこと。**相手が心地よく感じられるのであれば、どんな言い方でも構わないのです。**「言い方を正しい敬語に直さないと」という発想ではなく、「この言い方であれば、絶対に間違っていない」と思える言い方を考えるのがおすすめです。

● 自分の言いやすい型を持っておく

　よく使う言葉であれば、自分の言いやすい型を準備しておきましょう。できれば複数の言葉を持っておいて、ローテーションできるのが理想的です。というのも、**同じ言葉ばかり使っていると、機械的な対応をされていると感じられてしまう可能性がある**からです。例えば、「いらっしゃいませ」という言葉は、「ご訪問いただきありがとうございます」「ようこそお越しくださいました」「ご来店ありがとうございます」といった言葉に言い換えられます。状況に応じて使い分けると、より自分の感情が込められるうえ、同じ言葉を繰り返してマンネリ化するのを防ぐことができます。このような練習を繰り返していくと、

自分のなかで語彙が増えるほか、状況にあった言葉を探す「言い換え力」が身につきます。最初は言葉が思いつかないかもしれませんが、少しずつバリエーションを増やしていきましょう。

言い換えの例

✕ <u>お</u>タバコは<u>お吸いになられますか</u>？

◯ タバコは吸われますか？

喫煙席のご希望はございますか？

「お」を過剰につけるのは、敬語として誤り。正しくは「タバコは吸われますか？」だが、無理に「吸う」という動詞を使わなくても、必要なことはたずねられる

✕ こちらのお荷物は<u>どういたしますか</u>？

◯ こちらのお荷物はいかがなさいますか？

言い換え例

こちらのお荷物はお部屋にお持ちいたしますか？

「いたす」は謙譲語なので、相手を上にする場面では使ってはならない。正しくは、「いかがなさいますか」だが、言い換えで平易な形にすることもできる

Point

☑ 敬語を自在に使いこなすのはハードルが高い
☑ 難しい言い方を避けても、礼儀正しく話せる
☑ 複数の言葉をローテーションするようにする

話し方のポイント③
伝え方を工夫する

● 印象を左右する伝え方

　同じ内容を話していても、話し方によって印象は大きく変わります。話しているときの表情や声色はもちろんのこと、どのような言葉選びをするかが重要です。**選んだ言葉のちょっとしたニュアンスが相手に失礼だととらえられたり、違う意味で伝わってしまったりします**。例えば、相手の話に「本当ですか？」と言うと、そのつもりはなくても、少し疑っているような印象をあたえます。余計な誤解を避けるためにも、そんなに打ち解けていない相手には、「初めて聞きました」や「そうなんですか」というリアクションのほうが無難です。リスクのある話し方をしないようにするためにも、4〜5章の内容をもとに、ビジネスで使いやすい言い回しを覚えておくとよいでしょう。

● 場面に応じた伝え方を身につける

　上司への「報告・連絡・相談」は、新人が働くうえで覚えておきたい基本です。最初のうちはささいなことでも「報告・連絡・相談」するよう求められますが、上司は忙しい場合が多く、ポイントを絞って話す必要があります。そのときに身につけておきたい伝え方の基本がPREP法（130ページ）です。結論から話すという伝え方で、簡潔に意図を伝えられます。このほかにも、**ビジネスでは伝え方を工夫すべきさまざまな場面があります**。「社内の会話でなるべく印象をよくしたい」「営業先で相手の心に響かせたい」といったさまざまなケースで使える話し方を6章で紹介しているので、自分に必要なものを選んで身につけるといいでしょう。

感じがよい伝え方の例

\ NG! /
本当ですか？

\ OK! /
初めて聞きました

相手を疑うような言い方は NG。例のような、疑問形ではない言い方をしよう

\ NG! /
お教えします

\ OK! /
ご説明いたします

NG 例は間違った敬語ではないが上から目線に聞こえてしまう

\ NG! /
〜してください

\ OK! /
〜していただけますか？

OK 例のように相手に選択の余地があるような言い方を心がけよう

Point

☑ 話し方は、どのような言葉選びをするかも大事
☑ 相手がどのように受け取るかを意識する
☑ 場面に応じて、さまざまな話し方を身につけよう

時代によって
敬語は変わる !?

・・・

　社会人としてしっかりとした敬語を身につけようとしている方に覚えておいていただきたいのは、今使われている敬語は絶対ではないということです。例えば、「お前」という言葉は、今では目上の人に使ったら失礼とされています。しかし、江戸時代の初め頃までは、目上の人に敬意を示す言葉でした。1988 年に東京堂出版から発行された『語源大辞典』には、"江戸時代のはじめごろまでは、目上の人に言う敬意の高い意味であったが、文化文政のころから、同等の者、下位の者にたいしても用いる二人称代名詞となった"と記載があります。

　時代の変化とともに言葉は移り変わるものです。そのため、「正しい敬語」に執着するのは避けるようにしましょう。大切なのは、言葉の変化に柔軟に対応しつつ、相手への敬意を持ち続けることです。

江戸以前		現在	
お前は	丁寧な人だ	お前は	なんて口のきき方だ！

第 2 章

、 知らない間に使っている!? 、

間違いやすい
敬語の使い方

まずは間違った敬語の代表例を確認して、自分が普段使っている言葉遣いを見直してみましょう。自分では気づかないところで、敬語のミスはしてしまっているものです。自分の敬語のミスを自覚できるようになれば、目上の人や取引先とより上手に話せるようになるでしょう。

「バイト敬語」に注意しよう

● 接客用語として定着した敬語

学生時代にアルバイトに力を入れていた人ほど気をつけたいのが、かつての勤務先で身につけた接客用語です。「3000円からお預かりします」の「〜から」、「よろしかったでしょうか?」の「〜かった」、「お水のほうはいくつお持ちいたしますか?」の「〜のほう」がバイト敬語の代表例です。お店のマニュアルでそのように指導される場合もあれば、先輩の言葉遣いをなんとなく真似するうちに独特の言い回しが成立してしまっていた場合もあります。

これらは敬語として間違っており、聞き手によっては違和感をあたえます。コンビニやリーズナブルな飲食店であれば、「アルバイトの敬語はこういうものなのだ」と許容されるかもしれません。しかし、**信頼関係が重視されるビジネスの現場では、印象を大きく悪化させる可能性があるので注意しましょう。**

バイト敬語の例

＼NG!／

3000円からお預かりします

＼OK!／

3000円をお預かりします

「から」には丁寧な印象をあたえる効果はないので不要

\NG!/ ご注文は以上でよろしかったでしょうか？

\OK!/ ご注文は以上でよろしいでしょうか？

過去形に違和感を持つ人もいるため、避けたほうが無難

\NG!/ こちらご注文のコーヒーになります

\OK!/ ご注文のコーヒーでございます

「なります」は「〜に変化する」という意味なので間違い

\NG!/ お水のほうはいくつお持ちいたしますか？

\OK!/ お水はいくつお持ちいたしますか？

「〜のほう」に敬意を表す意味はない

\NG!/ 店内でお召し上がりですか？

\OK!/ 店内で召し上がりますか？

「召し上がる」だけで尊敬語なので、「お」をつけるのはNG

ビジネスで注意したいバイト敬語

\ NG! / 本日は直帰してよろしかったでしょうか？

\ OK! / 本日は直帰してよろしいでしょうか？

以前に話題に上がっている事柄に対しては「よろしかったでしょうか？」を使ってもOK。「先日のコンペですが、入札先はA社でよろしかったでしょうか？」となる

\ NG! / こちらが本日の資料になります

\ OK! / こちらが本日の資料です

「こちらが本日の現場になります」のように、相手にとってわかりきっていないものを説明するときには、「なります」を使ってもよい

\ NG! / お名刺のほう、いただけますか？

\ OK! / お名刺をいただけますか？

意味のない言葉が多くなると、自信がないように見えてしまう。シンプルな言葉遣いを心がけよう

●「元気」よりも「気持ち」を重視する

　アルバイトでは、元気ではつらつとした挨拶が求められます。「いらっしゃいませー」「ありがとうございましたー」という語尾が上がるような挨拶は、勢いのよさがよく伝わります。「お店の印象をよくする」「従業員のチームワークを養う」などの効果が期待できますが、マナーとしては正しくありません。**本来は、「いらっしゃいませ」も「ありがとうございました」も語尾を下げて、気持ちを込めて伝えるべき**ものです。元気なのはもちろんよいことですが、ビジネスの現場では普段のふるまいから「あなたのことをしっかり考えていますよ」と伝わるかが大切です。元気のよさを見せようとするあまり、気持ちを伝えることがおろそかにならないように注意しましょう。

●投げやりな「マニュアル敬語」に注意する

　相手に信頼される話し方とは、「あなたの心地よさを大切にしています」という気持ちが伝わる話し方です。その対極にあるのが、「マニュアル敬語」という、何も考えず決められたとおりに話すやり方です。飲食店で料理を渡すときに「お待たせいたしました」というマニュアルがあったとします。「30分も待たされたお客さん」に、マニュアル通りの言い方で「お待たせいたしました」と言ったらどうなるでしょうか？　**長く待ったお客さんは「待たせたことに申し訳ないという気持ちがないのだな」と感じるかもしれません。**大切なのは気持ちを伝えること。言葉だけを丁寧にしても意味はありません。相手の目を見ないで話したり、いつも同じ言い方をしたりしていないか注意しましょう。

Point
☑ 本当は間違っている「バイト敬語」に注意
☑ 言葉のイントネーションにも気を遣おう
☑ 気持ちのこもっていない「マニュアル敬語」はＮＧ

過剰な敬語は
相手に違和感をあたえる

● 丁寧にしたのに逆に失礼になる

間違いやすい敬語のひとつに、「過剰敬語」と呼ばれるものがあります。丁寧に話さないといけないという気持ちからか、知っている敬語をできるだけ使おうとする人にありがちなミスで、敬語のルールを無視してしまうため、相手に違和感をあたえてしまいます。

例えば、**敬語には基本的にものや外来語には「お」をつけないというルールがある**のに、「お紅茶をお持ちいたしました」といわれたらどうでしょうか？　なかには「丁寧だな」と感じる人もいるかもしれませんが、「なんか変だな」と思う人もいるでしょう。失礼のないようにしたいという気持ちがありながら、過剰敬語で損してしまうのはもったいないことです。相手に信頼感をあたえたいのであれば、敬語を正しく使い、印象アップを目指しましょう。

●「お」や「ご」の多用に注意

名詞につける「お」や「ご」は、さまざまな場面で敬意を表すことができる便利な言葉です。「お名前」のように、相手に敬意を表す尊敬語としても使えます。一方で自分がかかわる名詞に対しても「ご挨拶」のような使い方で、謙譲語として使用できます。さらに、誰に敬意を示すなどを考えず、言葉自体を上品にする美化語として「お水」のようにも使えます。

その使い勝手のよさから、ついつい多用してしまいやすいですが、**やりすぎると敬語としておかしくなってしまう場合があります**。「おビール」「おコーヒー」と本来つけない名詞につけてしまったり、「お

承りになる」と自分の動作に「お」をつけてしまったりすると、間違いになるので注意しましょう。また間違いではなくても、「お客様のお住まいへ、お手紙をお届けいたします」のように、連続するとくどい印象をあたえてしまうので注意しましょう。「ご自宅へ郵送いたします」のように言い換えることで過剰さを解消できます。

美化語を使わない対象

ジャンル	例	例外
食べ物	お紅茶、お茄子、おきゅうりなど	ご飯、お弁当、お餅、お茶など
自然現象	ご快晴、お雨など	お天気、お空
モノ	お包丁、お机	お車、お手紙
外来語	おタバコ、おコーヒー、おビール	

例外はあるものの、基本的にはモノや外来語に「お」や「ご」はつけない。例外を覚えておいたうえで、使いすぎないように注意しよう

訓読みと音読みの使い分け

訓読み（「お」をつける）		音読み（「ご」をつける」）	
おもてなし	お名前	ご対応	ご納品
お相手	お住まい	ご注文	ご来店
お返し	お味	ご協力	ご検討
お手すき	お心	ご意向	ご記入
おいくつ	お車	ご準備	ご同行
お恵み	お宝	ご奉納	ご高覧

● 中堅社員でもやりがちな二重敬語

　敬語には、「ひとつの言葉には、ひとつの敬語しか使わない」というルールがあります。

「お越しになられる」「おっしゃられる」「お使いになられる」はすべて、「尊敬語」＋「〜られる（尊敬語）」という構造になっていて誤りです。正しくはそれぞれ、「お越しになる」「おっしゃる」「お使いになる」です。**あまり使う人はいませんが、役職は敬称なので「社長様」「部長様」というのも二重敬語にあたります**。「お目にかからせていただきます」「うかがわせていただきます」などの、「謙譲語」＋「いただきます」にも注意するようにしましょう。

　二重敬語どころか「三重敬語」になっている場合もあるので注意しましょう。「お承りいたします」は、「お」＋「承り（謙譲語）」＋「いたします（謙譲語）」の三重敬語です。

「承りました」で済むところを３つも敬語を使ってしまうのは、「礼儀正しくしなきゃ」という意気込みが空回りしているといえます。敬語は正しく使うことができれば十分です。それができれば、相手に丁寧な印象をあたえられるので、シンプルな敬語を使うように心がけましょう。

尊敬語の二重敬語

\NG!/ お求めになられる

\OK!/ お求めになる、求められる

「お〜になる」＋「〜られる」の二重敬語。この組み合わせは癖で使ってしまう場合があるので、普段から意識しておこう

\ NG! /
ご到着になられる

\ OK! /
ご到着になる、到着なされる

\ NG! /
お見えになられる

\ OK! /
お見えになる、いらっしゃる

謙譲語の二重敬語

\ NG! /
ご拝受いたしました

\ NG! /
拝受させていただきました

\ OK! /
拝受しました

「拝受」は謙譲語であるため、「いたします」や「させていただきます」を付けなくても、十分敬意は伝わる。逆に敬語としてやりすぎな印象を与えてしまう場合があるので、注意しよう

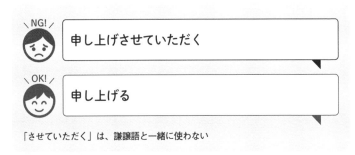

「させていただく」は、謙譲語と一緒に使わない

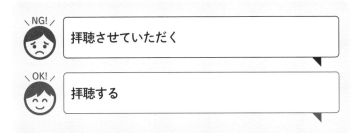

● 例外も覚えておこう

　敬語の基本ルールとしては誤りである二重敬語ですが、**言葉の変化により（24ページ）慣例化しているため、認められているものもあります**。「お召し上がりになる」は、「お〜」＋「召し上がる（尊敬語）」の二重敬語ですが、使用しても構いません。

　よく使う、「おうかがいする」「拝見いたす（いたします）」も、実は「お〜する」＋「うかがう（謙譲語）」、「拝見（謙譲語）」＋「〜いたす」の二重敬語ですが、これを問題視して怒ったり不快に思ったりする人は多くないでしょう。

　このように敬語には例外が数多くあるため、すべてを完璧に覚えるのは大変です。しかし、基本的なルールと例外があることは覚えておきましょう。大切なのは、敬語をがんばりすぎるあまり、他人の敬語を厳しくチェックするようにならないこと。敬語は自分が相手のためにするものだと、心得ておきましょう。

例外として認められている二重敬語

 \ OK! / お召し上がりになる

 \ OK! / おうかがいする、おうかがいいたす、おうかがい申し上げる

 \ OK! / お見えになる

平成19年に文化審議会から出された「敬語の指針」によると、「習慣として定着している二重敬語の例」として、上記の5つが挙げられている

●「敬語連結」にも注意

「お読みになっていらっしゃる」のように、接続助詞「て」で2つの敬語をつなげたものは「敬語連結」と呼ばれます。**個々の敬語の使い方が問題なければ、冗長にはなるものの、基本的に許容されます。**

敬語連結の例

 \ OK! / お読みになっていらっしゃる

Point
☑「お」や「ご」の多用は過剰敬語になりやすい
☑ 二重敬語に注意しシンプルな使い方を意識する
☑ 二重敬語には例外もあり、認められているものもある

訪問客に「こんにちは」は避けよう

•「ございます」がポイント

お客様への挨拶で気をつけたいのが、「ございます」がつけられない挨拶です。「おはようございます」であれば敬意が感じられますが、**「こんにちは」はフランクすぎるので避けるべきだと考える人もいます**。会社として OK というルールがあれば別ですが、基本的に避けるようにしましょう。

OK な挨拶と NG な挨拶

OK	NG
おはようございます ありがとうございます	おはよう こんにちは こんばんは さようなら

「ございます」をつけられない挨拶は、なれなれしいような印象をあたえてしまう可能性がある。気心知れた相手であれば OK な場合もあるので、相手との距離感を見誤らないようにしよう

• 意外と迷うお客様への挨拶

「こんにちは」の代わりに使える言葉に、「いらっしゃいませ」があります。しかし、「いらっしゃいませ」は受付などでは使いやすいですが、取引先の人に対応する場合には違和感をあたえてしまったり、

自分自身が違和感を抱いたりしてしまう場合もあります。そんなときは、**「相手に感謝を示す」**、**「相手を助ける姿勢を示す」というテクニック**が使えます。

お客様が遠方からやってきた場合には、「遠いところお越しいただきありがとうございます」、お客様がオフィスで困っている様子であれば、「どのようなご用件でしょうか?」など、積極的に声をかけるようにしましょう。

自分を訪ねてきたお客様ではないので、「自分には関係ない」という顔をして、対応をしない人は意外と多いものです。そのときばかりは楽をできるかもしれませんが、会社の印象は悪くなり、今後の取引に影響が出かねません。

感じのよい挨拶の仕方

困っている人に対して

> どのようなご用件でしょうか?

> いかがなさいましたか?

訪問したお客様が困っていそうであれば、「いかがなさいましたか?」や「どのようなご用件でしょうか?」と声をかけよう

別れるときに

> 今日はありがとうございました

「さようなら」はなれなれしく感じるためNG。相手が去る場合は相手に感謝を伝え、自分の場合は「失礼します」と言って去るようにしよう

Point
- ☑ フランクになりすぎない挨拶を心がける
- ☑ 挨拶の代わりに感謝を示してもよい
- ☑ 去り際の挨拶も身につけておこう

退社時の「ご苦労様です」は失礼!?

● マイナスに受け取る人もいる

　社内で自分が先に退社するときは、「（お先に）失礼します」と挨拶します。そして、**上司が先に退社する場合は、「お疲れ様です」と言うようにしましょう。**似たような言葉に「ご苦労様です」がありますが、こちらは目上の人が部下をねぎらう言葉だと認識している人が多いので、避けるようにしましょう。

●「ご苦労様」の移り変わり

　とくに近年では、「ご苦労様は上司が言うもの。部下はお疲れ様を使わなければならない」というマナーが盛んに取り上げられるようになりました。しかし、**明治時代初期ぐらいまでは、「ご苦労様」は目下の人が目上の人にかける言葉だったといいます。**それが時代とともに逆転していき、大正時代には目下の人にかけるのが一般的になっていきました。一方で、「お疲れ様」も1990年代ぐらいまでは、「ご苦労様」と同じく目上の人がかける言葉として認識されていました。それが2000年代から「部下が上司に使う言葉」として教えられるようになりました。最近では「お疲れ様です」といわれて嫌な顔をする人はあまりいないと思いますが、世代によっては気にする人もいるかもしれないことを覚えておきましょう。

●「お世話様です」は敬語ではない

「お世話様です」は相手をねぎらう気持ちを表す言葉ですが、**「お世**

話になっております」と異なり、敬意を表すことはできません。とくに目上の人に使うのは不適切なので注意しましょう。「様」とついているので丁寧だと勘違いしてしまうかもしれませんが、上司に「先日はお世話様でした」と言うのはNG。「昨日はありがとうございました」とシンプルな言葉で素直な気持ちを伝えたほうが、相手にも喜ばれるでしょう。

退社時の挨拶

自分が退社するとき

 ＼OK！／

（お先に）失礼します

上司や先輩、同僚が退社するとき

 ＼NG！／

ご苦労様です

 ＼NG！／

お世話様です

 ＼OK！／

お疲れ様です

 Point

☑ 上司が帰るときは「お疲れ様です」を使う
☑「ご苦労様です」は目上の人が使う言葉
☑「お世話様です」は敬語ではないので注意

「すいません」では 謝罪の気持ちは伝わらない

● ビジネスシーンでは「申し訳ございません」

「すいません」や「すみません」は便利な言葉です。ちょっとしたことがあって謝罪する、遠くにいる店員さんを呼ぶ、ものを拾ってもらったときに感謝するといった場面で使うことができます。そのため、口癖のように使っている人もいますが、ビジネスシーンではあまり使わないほうがいいでしょう。「すいません」や「すみません」だと、謝罪にしては軽すぎるからです。**謝罪をするときは、「申し訳ございません」**という言葉を使うようにしましょう。丁寧な言葉を使うことによって、より謝罪の気持ちが相手に伝わります。

● 謝罪にもバリエーションをもたせる

「申し訳ございません」は、「大変申し訳ございません」「誠に申し訳ございません」など、**ほかの言葉をつけてさらに気持ちを強調することができます**。大きなミスをしてしまった場合にいつもと同じ謝罪をしても相手に誠意が伝わらないかもしれません。状況に応じた謝罪ができるのは、社会人として大切です。

　また、「何が問題だったかをちゃんと理解している」と伝わると、相手の怒りが収まりやすくなります。「不注意で失念しておりました。申し訳ございません」「この度はご迷惑をおかけして申し訳ございません」など何に対して反省しているかを伝えると、逆に相手から信頼される場合もあります。自分がどのくらい深刻なミスをしたのか、相手がどのくらい気分を害しているのかを把握し、適切な言葉を選べるようになりましょう。

謝罪の仕方

基本の謝り方

\ NG! /

すみませんでした

\ OK! /

申し訳ございませんでした

気持ちを強める

\ OK! /

大変申し訳ございませんでした

\ OK! /

お詫び申し上げます

何に対しての謝罪かを明確にする

\ OK! /

ご連絡が遅くなり申し訳ございません

\ OK! /

こちらの不備でご迷惑をおかけし申し訳ございません

どこが悪かったのかを自覚していると、謝罪の気持ちはより伝わる。ただし、見当はずれな理由を述べてしまうと逆効果になるので注意

●「すいません」は書き言葉にしない

　基本的に「すいません」や「すみません」はビジネスシーンでは使わないほうがいいでしょう。もし使う場合でも、「すいません」はメールやチャットでは使用しないようにします。というのも、「すいません」は「すみません」が話し言葉になったもの。「すみません」ときちんと発音すると、「み」で上下の唇をくっつけるため発音しにくく、聞き取りづらくなるためか、「すいません」と変化したのだと考えられます。

　そのため、チャットなどで同僚に謝罪やお礼をするときにも、「すいません」よりも**「すみません」を使ったほうが、印象がよくなります**。

● 謝るときは誠心誠意

　謝罪をするときに一番やっていけないのは、**自分の非を認めない**ことです。あなたや会社に非がないのに、業務上仕方なく謝らないといけない場合があるかもしれません。心がこもっていない謝罪は、その気持ちが相手に伝わってしまいます。「こちらも悪かったかもしれません〜」「そんなつもりはなかったのですが〜」など、歯切れの悪い謝罪は逆効果です。

　何か伝えたいことがあったとしても、お互いが冷静になって話し合いができる状態になってからにしましょう。謝ると決めたなら、言い訳や反論は一切せずに、「申し訳ございませんでした」と誠心誠意、謝罪の気持ちを相手に伝えるようにします。

● 相手の話を聞くことも大切

　怒っている相手には、「自分の言うことを聞いてほしい」という感情が少なからずあります。そのため、誠心誠意謝罪するかも大事ですが、**真摯に話を聞く姿勢を示す**ことも大切です。体の向きや姿勢などに気を遣いながら話を聞き、適度に相づちを打つようにしましょう。

謝罪のときに言ってはいけない言葉

> こちらも悪かったかもしれません

自分の非を認め切れておらず、「相手も悪い」と思っていると伝えてしまっているようなもの。相手を怒らせてしまうきっかけになる

> そんなつもりはなかったのですが

意図の有無は相手にとって無関係で、責任逃れのように聞こえる

> 誤解を招いたのであれば

トラブルがあったことを相手のせいにしているように聞こえてしまう。相手の非を責める言い方になっていないか注意するようにしよう

> PCの不調が原因のようです

相手に迷惑をかけた場合はまず謝罪。原因の究明はその後にする

Point
- ☑ 謝罪のときは「申し訳ございません」を使う
- ☑ 「すいません」はビジネスシーンで使用しない
- ☑ 言い訳のように聞こえる言葉は使わない

軽く見られる言葉は
使わない

● ラフに聞こえる言葉遣い

普段の話し方から、その人の人となりは評価されてしまいます。「A社との打ち合わせですが、先方の都合が悪いっぽいです。今週は担当者さんが難しい感じなのですが、日程調整していいんでしたっけ？」と上司と話をしている人がいたらどうでしょうか？　ほとんどの人が軽い印象を持ち、上司に対しての正しい言葉遣いではないと感じるのではないでしょうか。

まず **「〜っぽい」という言葉は避けるようにしましょう**。ビジネスでは正確な情報伝達が重要です。「〜っぽい」は憶測で判断しているような印象をあたえるうえ、友人同士の会話のような軽い雰囲気が出てしまいます。

● ムダな言葉は控えよう

「〜な感じ」という言い方も、軽い印象をあたえる原因になります。遠回しな言い方をして、柔らかい印象にしたいのかもしれませんが、ムダな言葉を省いたり、**断定できるところは言い切ったりしないと、頼りない印象をあたえます**。同様に「〜という形になります」という言い方も避けるようにしましょう。端的に伝えられるようになるためにも、余分な言葉は削っていくべきです。

● 敬語は省略しない

「〜いいんでしたっけ？」という言い方も、あまり印象がよいもので

はありません。**「よろしいでしょうか？」と言い換えたほうがフォーマルさを感じる言い回しになります**。「　　じゃなくて？」「〜だったり？」と語尾を省略するのも NG です。「〜ではありませんか？」「〜だったりしないでしょうか？」と話すほうが、好感が持てます。相手によっては省略形を失礼だと感じるので覚えておくといいでしょう。

　友人と話すときの意識のままでは、ふとしたときにカジュアルすぎる言葉遣いになってしまいます。仕事とプライベートを区別して、気持ちを切り替えて、社会人として適切な言葉遣いができるようになりましょう。

軽くみられる言葉遣い

 \NG!/ その日は難しい感じです

 \NG!/ その日は難しいっぽいです

 \NG!/ その日は難しい形になります

 \OK!/ その日は都合がつかないようです

「〜な感じ」「〜っぽい」という言い方は、軽い印象をあたえてしまう。「〜のようです」「〜とのことです」と言い換えよう

Point

☑ 「〜っぽい」など軽い言葉は評価ダウンにつながる
☑ 「〜でしたっけ？」も NG
☑ 簡潔に話せるとフォーマルに聞こえるようになる

「大丈夫です」は
伝わりにくい！？

● 言葉の正確性が求められる

　ビジネスでは、複数人が同じプロジェクトにかかわります。ときには伝言ゲームのように、人から人へと指示が伝わっていくため、正確な言葉で相手に伝える習慣をつけるのが大切です。その第一歩として、複数の意味にとられてしまう言葉の使用は、避けるようにしましょう。例えば、「**大丈夫です**」は幅広い意味に解釈されかねない言葉です。「私は大丈夫です」と言ったときに、「私はいりません（しません）」と「私は問題なくやっています」などの、できる・できないの両方の意味が成立してしまいます。文脈で理解できるのですが、相手が注意深く聞いていない場合もあるかもしれません。なにより、正確に伝える姿勢を相手に示したほうが相手に好印象をあたえられます。いらない場合は「今は必要ございません。ありがとうございます」、問題ない場合は「問題ございません」と明確に答えるようにしましょう。

● 言葉を尽くすと好感が持てる

　普段から言葉を尽くす努力をすると、ミスが減るうえに印象もよくなります。「明日までに資料の整理をお願いできる？」といわれたときに、「**できません**」とだけ返すのは印象が最悪です。断るのであれば、「ほかの締め切りがあり、申し訳ございませんができかねます」と理由を説明したうえで、クッション言葉（146 ページ）を用いるようにします。可能であれば、「別の仕事があり、明日までは難しいのですが、明後日までであればできます」など、別の案を提示できるといいでしょう。言葉選びと同様に、最善を尽くす姿勢が大切です。

● 時間は正確に伝える

とくに気をつけたいのが、時間に関する表現です。**「とりあえず処理しておいてください」**と依頼した場合、相手は**「今すぐ処理しなければならないのか」「優先度が高くないのか」**などの判断がつきません。急ぎの場合は、「すぐに処理してくださいますか？」と切迫していることをきちんと伝えます。「とりあえず」や「大丈夫です」は便利な言葉ですが、それだけに誤解を招きやすいのでなるべく使わないよう心がけましょう。

言葉を尽くすと印象が変わる

\ NG! /　私は大丈夫です

\ OK! /　今は必要ございません。ありがとうございます

\ NG! /　できません

\ OK! /　別の仕事があり、明日までは難しいのですが、明後日までであればできます

Point
☑ 幅広い意味にとられる言葉は情報伝達においても危険
☑ 正確な言葉遣いで印象がよくなる
☑ 言葉と誠意を尽くすようにこころがけよう

「させていただく」は くどい敬語 !?

● やりすぎ敬語に注意しよう

近年、「させていただく」という表現をよく耳にするようになりました。謙遜している印象を出したいからか、批判されるのを過度に恐れているからかわかりませんが、「担当させていただきます」「発売させていただきます」など、あらゆるものに使ってしまう人もいます。その一方で、**「させていただく」の多用を不快に感じる人もたくさんいるようです。**「させていただく」は、本来「相手側、または第三者の許可を受けて行う場合」かつ「そのことで恩恵を受けるという事実」があるときに使用するとされています。つまり、「担当させていただきます」「発売させていただきます」のいずれも、ほかの人から許可を得ているわけではないため、誤りなのです。「身分証を確認させていただきます」は、「相手の許可を得て行い」「身分を確認できるというメリットがある」ために、正しい使い方だといえます。

● 「さ」を入れすぎないようにしよう

「〜させていただく」という言葉を使うとき、「さ」を省略する場合があります。「休ませていただく」「送らせていただく」が正しい言い方になるので、**「休まさせていただく」「送らさせていただく」という「さ入れ言葉」にならないように注意しましょう。**

「さ」を入れるべきかどうか迷ったときには、元の動詞を五段活用の未然形にして判断する方法があります。「話さない」「置かない」のように「ない」の前の文字の母音が「ア」の場合、「さ」を入れてはいけません。「ア」以外の場合は「さ」を入れても大丈夫です。

「させていただく」のルール

文化庁の「敬語の指針」（平成19年）ルール

> ①相手側または第三者の許可を得て行う
> ②そのことで恩恵を受ける事実や気持ちがある

▼

①と②を満たしている場合「させていただく」

▼

満たしているかは個人の判断によるため、
どれくらい許容できるかは人によって異なるので
使わないほうがよい

「さ入れ言葉」の判断

未然形

置く → 置かない → 置かせていただく

母音が「ア」　×置かさせていただく

未然形

着る → 着ない ── 着させていただく

母音が「イ」

Point
- ☑「〜させていただく」の多用は印象を悪くする
- ☑「〜させていただく」の間違った使用をしない
- ☑「さ入れ言葉」は未然形にして判断する

「よろしかったでしょうか?」の過去形はムダ!?

● 不要な過去形をやめる

26ページでも取り上げた「よろしかったでしょうか?」という表現は、過去形にする必要がないため、「よろしいでしょうか?」が正しい表現です。誤った表現が使われる理由のひとつに、過去形で伝え、角が立たないようにしたいという話し手の意図があると考えられます。「お箸は一膳でよろしかったでしょうか?」と「お箸は一膳でよろしいでしょうか?」を比較すると、前者のほうがあいまいで、柔らかい印象を受けます。過去形にするとクレームを受けにくくなる効果があるのかもしれません。ただし、**過去形にすると丁寧になるというルールはありません**。ビジネスの場面ではあいまいな態度は反感を買う可能性があります。反対に、自分の仕事に責任を持つ姿勢を言葉にすると、好感が持たれます。まわりから評価されたいのであれば、ビジネスシーンでは過去形にするのは避けるようにしましょう。

● 言い切らないと印象が悪くなる

過去形と同じように、言い切らないで柔らかい印象をつくろうとする人がいます。「その日は忙しいのですが……」「お伝えしたいことがあるのですが……」と言い切らないことによって、嫌な人と思われないようにしているのかもしれませんが、それは逆効果です。ビジネスでは言いにくいこともいわなければなりません。**言い切れないでいると、「この人はまわりに察してもらおうとしている」「主体性がない」**といった評価を受けます。言いにくい場合はクッション言葉（146ページ）を入れるなどして、柔らかさを演出しましょう。

● 否定形は印象が悪い

　同じことを言っていても、印象が悪いのが否定形を使った言い方です。「事前に言っていただかないとできません」「事前に言っていただければできます」という2つは、同じことを言っているのですが、前者は否定形なのでネガティブに聞こえてしまいます。

　なにか言いにくいことを伝える場合には、否定形の言い方を肯定形にするという方法もあります。相手がどのように感じるかイメージしながら話すようにしましょう。

肯定形での言い換え

\ NG! /
私にはわかりません

\ OK! /
わかるものに代わりますので、少々お待ちください

\ NG! /
なんでできないんですか？

\ OK! /
問題点を教えてください

Point
☑ 過去形にすると丁寧になるわけではない
☑ 言い切らないと**責任逃れ**をしているように見られる
☑ 否定形を肯定形にすると印象がよくなる

「ら抜き言葉」は
控えたほうが無難

● 浸透してきた「ら抜き言葉」

　可能を意味する「見られる」「来られる」などを「見れる」「来れる」のようにいう言い方を「ら抜き言葉」といいます。昭和初期から話し言葉で使われはじめ、戦後に増加していきました。以前から「ら抜き言葉」は間違った言葉遣いとされていましたが、近年では急速に浸透してきており、単語によっては「ら抜き言葉」を使う人のほうが多数派になっています。

　その理由のひとつに、「ら抜き言葉」に優れている点があることが挙げられます。**「られる」という言葉は、可能以外にも、受け身や尊敬の意味を持たせることができます**（「相手に受け取られる」「すでに帰られたようです」など）。「ら」を抜くと、それが可能の意味に絞れるため、「ら抜き言葉」が浸透していると考える人もいます。

● ビジネスで使うのは避けよう

　言葉は時代によって変化するものであり、「ら抜き言葉」が浸透してきている以上、「ら抜き言葉」は間違いだとはいえません。しかし、浸透してきたとはいえ、正しい言葉遣いと認識されているわけではありません。「ら抜き言葉」は間違いだと教わってきた人に「ら抜き言葉」を使ってしまうと、言葉遣いがなっていない人だと思われてしまうかもしれません。

　言葉の世界には、このように過渡期のさしかかっているものも少なくありません。さまざまな意見があることを理解しつつ、**相手にとって不快にならない表現ができる**のが、社会人にとっては大切なのです。

「ら抜き言葉」の世代別浸透度

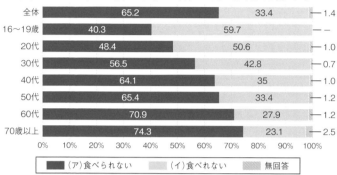

2つの言い方のうち、あなたが普段使うものはどちらですか。

（ア）こんなにたくさんは食べられない　　（イ）こんなにたくさんは食べれない

	(ア)食べられない	(イ)食べれない	無回答
全体	65.2	33.4	1.4
16〜19歳	40.3	59.7	—
20代	48.4	50.6	1.0
30代	56.5	42.8	0.7
40代	64.1	35	1.0
50代	65.4	33.4	1.2
60代	70.9	27.9	1.2
70歳以上	74.3	23.1	2.5

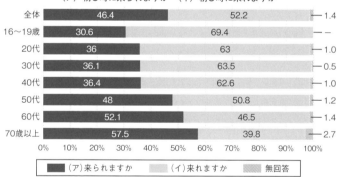

2つの言い方のうち、あなたが普段使うものはどちらですか。

（ア）朝5時に来られますか　　（イ）朝5時に来れますか

	(ア)来られますか	(イ)来れますか	無回答
全体	46.4	52.2	1.4
16〜19歳	30.6	69.4	—
20代	36	63	1.0
30代	36.1	63.5	0.5
40代	36.4	62.6	1.0
50代	48	50.8	1.2
60代	52.1	46.5	1.4
70歳以上	57.5	39.8	2.7

若い世代ほど「ら抜き言葉」が浸透していることがわかる。一方で40代以上には「ら抜き言葉」を使わない人が多いため、ビジネスシーンでは使わないほうがよい

※出典：令和2年度「国語に関する世論調査」の結果の概要より（文化庁）

Point

☑「ら抜き言葉」は**長年誤り**とされてきた

☑ 長所もあり、近年では**浸透**してきている

☑ 過渡期であり、ビジネスでは**使用すべきではない**

若者言葉の
使いすぎに注意

　普段気をつけていても、とっさのときに出てしまうのが、いわゆる若者言葉です。そのほかの言葉が丁寧でも、ふとした言葉で印象が軽くなってしまうので気をつけるようにしましょう。

　例えば、感情や程度を表すときに、「超いいですね」「ヤバいです」「ありえない」などの言葉を使っていないでしょうか？　自分として使いやすい表現でも、友だちと話すような言葉は相手を不快にさせてしまいます。「とてもいいですね」のように、丁寧な表現ができるようになりましょう。

　若者言葉にありがちな「あいまい表現」にも注意が必要です。「私的に〜」「〜とか」「〜みたいな感じ」などは、ないほうがすっきりします。

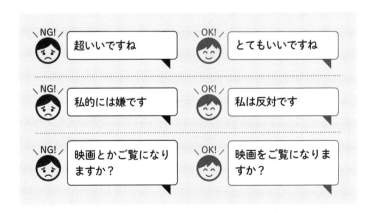

\NG!/ 超いいですね 　　　\OK!/ とてもいいですね

\NG!/ 私的には嫌です 　　　\OK!/ 私は反対です

\NG!/ 映画とかご覧になりますか？ 　　　\OK!/ 映画をご覧になりますか？

第 3 章

、 印象アップには欠かせない！ ／

知っておきたい
敬語の使い分け

敬語は敬意の対象が変わると、使い方も変化します。取引先に出向いたときは、社内にいるときと敬意の対象が変わるので注意しましょう。敬語の基本的なルールを押さえることで、敬語への理解が深まり、どんな場面でも悩まずに話せるようになります。

取引先に紹介するときは
上司でも敬称を省略

● 敬意の対象は変化する

敬語には、「敬意の対象」という考え方があります。誰を立てるかによって、使う敬語の種類などが変化します。基本的な考え方は58ページ以降で解説しますが、このページでは具体例を見ていきましょう。

取引先との打ち合わせに、上司に同行してもらう場面をイメージしてください。自分が取引先の担当者とやりとりをしているため、上司を担当者に紹介しなければなりません。そんなときは、**「紹介いたします。部長の〇〇(呼び捨て)でございます」**というように言います。社内では「〇〇部長」「〇〇さん」と呼んでいても、敬意の対象が変われば、敬称を省略するのです。間違っても「部長の〇〇さんです」「〇〇部長です」と言ってはいけません。

● 「誰を立てるか」を意識しよう

取引先との打ち合わせでは、もちろん取引先の社員を立てます。なぜなら、取引先の社員は外部の人間で関係が薄いため、敬意を持って接する必要があるからです。上司は、外部の人間とくらべ関係性が深いと考えましょう。敬語には「尊敬語(相手を立てる言葉)」と「謙譲語(相手に対してへりくだる言葉)」があります。**普段は「部長がおっしゃった」と部長に対して尊敬語を使っていても、取引先に対しては「部長が申し上げた」と謙譲語を使って話します。**このルールを理解して話せないと、「敬語が話せない人」という印象を持たれてしまうので注意しましょう。最初は慣れないかもしれませんが、ルールを理解して実践していくうちに、自然と身についていきます。

社内外での敬語

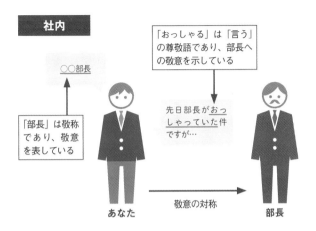

社内

○○部長

「おっしゃる」は「言う」の尊敬語であり、部長への敬意を示している

「部長」は敬称であり、敬意を表している

先日部長がおっしゃっていた件ですが…

あなた　　　敬意の対称　　　部長

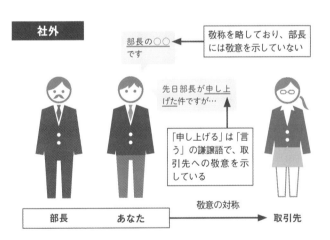

社外

部長の○○です

敬称を略しており、部長には敬意を示していない

先日部長が申し上げた件ですが…

「申し上げる」は「言う」の謙譲語で、取引先への敬意を示している

部長　　　あなた　　　敬意の対称　　　取引先

Point

☑ 敬語は誰を立てるかによって使い方が変わる
☑ 社外で紹介するときは、上司の敬称を省略する
☑ 社外では、上司の行動も謙譲語を使う

立場によって
敬語を使い分けよう

●所属や肩書きで判断する

　敬語の使い分けの基本を確認していきましょう。わかりやすいのは、立場による使い分けです。**「取引先」「上司」「同僚」といった立場をもとに、使う敬語を判断します。**例えば、取引先がいなければ仕事がなりたたないわけですから、しっかりと敬意を表します。尊敬語や謙譲語を使うのはもちろん、最大限の心遣いを見せられるといいでしょう（14ページ）。

●上司や先輩への敬語

　社内でも丁寧な敬語が求められる場面は存在します。**立場が離れている人（社長や部長など）や通常業務で接点がない上司や先輩などには、正しい敬語を使うように意識しましょう。**一方で身近な上司や先輩などには、信頼関係が構築されていることが前提ですが、かしこまった敬語が必要ない場合があります。もちろん敬意を払う気持ちは持たなければなりません。しかし、日常の会話までかしこまった敬語で話すと、上司や先輩によそよそしく感じられ関係性が築きにくくなります。取引先や社長に使うような丁寧な、かしこまった敬語は、控えるようにしましょう。

●同僚への敬語と距離感

　同僚との会話では、もう少しくだけた敬語を使っても構いません。**カジュアルな話し方のほうが距離感が縮まり、業務も円滑に進みます。**

ただし、ある程度言葉遣いには気をつけましょう。丁寧語や美化語を使いつつ、「資料をお渡ししておきますね」といったくだけたニュアンスを出すようにします。年齢が近い同僚だったとしても、相手との信頼関係が完全にできあがるまでは、タメ口で話したり、なれなれしい態度をとったりするのは避けるようにしましょう。

立場による敬語の違い

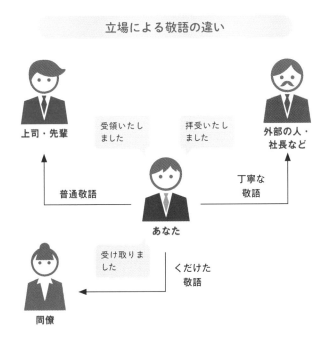

受領いたしました

拝受いたしました

上司・先輩

外部の人・社長など

普通敬語

丁寧な敬語

あなた

受け取りました

くだけた敬語

同僚

どのぐらいのレベルの敬語を使う必要があるか、立場によって判断することもできる。次ページの「内側・外側」による使い分けも参考にして、柔軟に対応するようにしよう

Point

☑ 取引先や立場が離れている人には丁寧な敬語を
☑ 身近な上司には普通の敬語を使用する
☑ 同僚にはくだけた敬語で話そう

身内かどうかで
判断してみよう

● 敬語を内外で考えてみよう

　敬語の使い分けは立場以外にも、相手を自分の身内と考えるかどうかで判断できます。**自分を含めた身内には謙譲語でへりくだる敬語を使い、それ以外の外側の人間には尊敬語で立てる敬語を使います。**取引先に上司を紹介する場面でいえば、自分と上司は身内であり、取引先は外側の人間です。そのため、内側の人間のことを外側の人に話すときは、「部長の○○が申し上げたように……」とへりくだる敬語になります。

● 変化する内外の境界

　誰を身内（自分の外側・内側）とするかは、場面によって変わります。部長と同僚の3人でいる場合は、役職が上の「部長が外側」で、役職が下の「同僚と自分が内側」になります。自分と同僚の2人でいる場合は、「同僚が外側」「自分が内側」となります。このように**同じ人が内側にいるときもあれば、外側にいるときもあることを覚えておきましょう。**

● 内側・外側で考えるメリット

　普段は丁寧な敬語で話している上司を交えて、取引先と話すような場面では、本来は「部長の○○」と取引先に紹介しなければならないところ、つい「部長の○○さん」などと紹介しがちです。とくに「目上の人には敬語を使わなくては」という気持ちが強い人ほど、やりが

ちです。そんな人こそ、内側・外側の考え方を意識してみましょう。**内側（身内）には比較的フランクに、外側（社外）の人にはフォーマルに対応するというのは、イメージしやすい**と思います。最初は内側と外側を考えすぎて混乱するかもしれませんが、慣れてくると、自然と内側と外側の使い分けができるようになるでしょう。

内側・外側の使い分け

社外の場合

社内の場合

Point
- ☑ **身内と外側の人に分けて考える方法もある**
- ☑ 外側の人には**丁寧な敬語を使うように意識する**
- ☑ 内外の考え方は敬意の対象の切り替えがしやすい

敬語の種類と尊敬語を
理解する

● 変わる敬語の分類

　以前は、敬語は「尊敬語」「謙譲語」「丁寧語」の３種類に分類され
ていました。しかし、**敬語の働きと適切な使い方をより深く理解する
ために**、2007 年に文化審議会が提出した「敬語の指針」により、敬
語は５種類に分類されました。本書では５種類の分類について解説し
ていきます。しかし、あなたが敬語で話す機会が多い年上の上司や先
輩の多くは３種類の分類で敬語を習ってきたことを覚えておきましょ
う。敬語の使い方について上司や先輩から指摘されたときに、敬語
を３種類の分類で説明されるかもしれませんが、それは世代によって
習ってきた敬語の分類が異なるからだと理解しておきましょう。

敬語の分類の変化と対応

従来	新分類	
尊敬語	尊敬語	「いらっしゃる・おっしゃる」型
謙譲語	謙譲語Ⅰ	「うかがう・申し上げる」型
	謙譲語Ⅱ（丁重語）	「参る・申す」型
丁寧語	丁寧語	「です・ます」型
	美化語	「お酒・お料理」型

• 相手を立てる尊敬語

「いらっしゃる」「おっしゃる」のように、**相手の動作などを立てて述べるものを「尊敬語」といいます。**「いらっしゃる」のようにもとの言葉（来る）を言い換えるタイプと、「お＋〜になる・する」をつけ足すタイプ（例：お会いになる）があります。

　動作以外には、「お名前」「ご住所」「お手紙」などのものごとや、「お忙しい」「ご立派」などの状態にも尊敬語は使われます。尊敬語と次ページで解説する謙譲語の使い分けは重要なので覚えておきましょう。

尊敬語の例

尊敬語	もとの言葉
なさる	する
おっしゃる	言う
いらっしゃる	
おいでになる	来る
お越しになる	
召し上がる	食べる
ご覧になる	見る
お聞きになる	聞く
お使いになる	使う

尊敬語	もとの言葉
ご利用になる	利用する
読まれる	読む
ご出席	出席
ご説明	説明
貴社、御社	会社
お名前	名前
ご住所	住所
お手紙	手紙
お忙しい	忙しい

Point
☑ 敬語は **5 種類**に分類される
☑ **2007 年**までは **3 種類**だった
☑ 尊敬語は相手を立てる敬語

動作の向きで見分ける
謙譲語Iと謙譲語II

● へりくだる謙譲語I

　敬語の5分類では、謙譲語は「謙譲語I」と「謙譲語II」の2つに
わかれています。自分の行為などをへりくだって述べることで、相手
を立てるのが「謙譲語I」です。**自分の行為の向かう先の人物を立て
る役割の敬語**です。「うかがう」「申し上げる」などが分類されます。
「うかがう」のようにもとの言葉（行く）を言い換えるタイプと、「お
＋〜になる・する」をつけ足すタイプ（例：お届けする）があります。
行為以外にも、ものごとに使用する「お手紙」「ご説明」（立てるべき
人物へ向けたもの）などがあります。

● 丁重に述べる謙譲語II

　謙譲語のうち、自分の行為などをへりくだることで、丁重に述べる
のが「謙譲語II」です。**「丁重語」とも呼ばれます**。行為などの向か
う先が相手ではないのが特徴で、相手を立てるのではなく、丁重に述
べる役割をはたすのが謙譲語Iとの違いになります。
「（海外へ）参ります」のようにもとの言葉（行く）を言い換えるタ
イプと、「お＋〜になる・する」をつけ足すタイプ（例：お荷物をお
持ちします）があります。「拙著」「小社」などのものごとに使用する
場合もあります。

● 謙譲語Iと謙譲語IIの使い分け

　尊敬語と謙譲語の使い分けと同様に、謙譲語Iと謙譲語IIの使い分

けで混乱してしまう人が多くいます。使い分けのポイントは、誰に向かっているのかを意識することです。

　相手に向かう行動を述べるときに、「出張にうかがいます」のように謙譲語Ⅱを使わないように注意しましょう。正しくは、「出張に参ります」となります。同様に、相手に向かわない言葉なのに謙譲語Ⅰを使うのも NG です。「A さんに申し上げました」ではなく、「A さんに申しました」と言うようにします。

謙譲語Ⅰの例

謙譲語Ⅰ	もとの言葉
うかがう	行く
存じ上げる	知る
いただく	もらう
申し上げる	言う
お目にかかる	会う

謙譲語Ⅰ	もとの言葉
差し上げる	あたえる
お届けする	届ける
ご案内する	案内する
お手紙	手紙
ご説明	説明

謙譲語Ⅱの例

謙譲語Ⅱ	もとの言葉
参る	行く
申す	言う
いたす	する
おる	いる

謙譲語Ⅱ	もとの言葉
存じる	知る
お持ちする	持つ
拙著	著書
小社	会社

Point
☑ **謙譲語はへりくだる敬語**
☑ **謙譲語Ⅰは相手に向かう行動などに使う**
☑ **謙譲語Ⅱは相手に向かわない行動などに使う**

聞き手の印象を左右する
丁寧語と美化語

● セットで使われる丁寧語

　相手に対して、丁寧に述べるときに使われるのが「丁寧語」です。**「です」「ます」などが該当し、「6 時に起きます」「次は来月の 10 日です」のように使われます。** より丁寧な言い方として「ございます」があります。

　丁寧語は、「ご覧になりましたか？」「拝見いたします」「申します」のように尊敬語や謙譲語Ⅰ・Ⅱとセットで使われるときもあります。

● 謙譲語Ⅱと丁寧語

　謙譲語Ⅱ（丁重語）と丁寧語は、相手に対して敬意を伝える言葉として、似ている部分もあります。異なるのは丁寧語がさまざまな内容に使えるのにくらべて、**謙譲語Ⅱは自分を含む身内のことにしか使えず、使用できる範囲が限られます**。ただし、謙譲語Ⅱは丁寧語よりあらたまった敬語であり、相手により敬意を感じさせます。

● ほかの敬語と異なる美化語

　尊敬語や謙譲語Ⅰ・Ⅱ、丁寧語は相手への敬意を直接的に示す役割があります。しかし、「お酒」「お料理」などの、ものごとに対して使われる美化語は「ものごとを、美化して述べている」言葉です。尊敬語の「お名前」や謙譲語Ⅰの「（相手への）お手紙」などと、性質が異なります。敬意を示す相手がいなくても、「お酒」などの美化語を使う場合があるのです。

それでも美化語は、**敬意を示したい相手がいる場合により使用頻度が高くなることから、広い意味では敬語として扱われます**。普段お酒のことを「酒」と言う人でも、敬意を示す人の前では「お酒をお注ぎします」と述べるからです。

● 敬語の種類と使い分け

敬語の種類を理解したうえで、敬語の使い分け（58，60ページ）について改めて考えてみましょう。**立場が上や、外側の人に対しては、尊敬語や謙譲語を使って相手を立てます**。一方で、距離が近い人や同僚に尊敬語や謙譲語を使いすぎてしまうと、距離を感じさせてしまいます。丁寧語や美化語はしっかりと使いつつ、かたすぎない敬語の使い方を探っていきましょう。

敬意の示し方の違い

「言う」の場合　謙譲語や尊敬語は目上の人や取引先相手に使う。身内には丁寧語で十分な場合が多い

同僚
内側の人

あなた

立場が上の人
外側の人

言いましたか？（丁寧語）	申し上げます（謙譲語）	おっしゃいましたか？（尊敬語）

Point

☑ **丁寧語はさまざまな場面で使える**
☑ **美化語は敬語のなかでは特殊な位置づけ**
☑ **相手に合わせて敬語の種類を選ぶ**

「いらっしゃいます」を
上手に使おう

● 「ございます」の多用に注意

丁寧語の「ございます」は、意外と使い方が難しい敬語のひとつです。存在を示す動詞「ある」の丁寧語であり、「書類がある」を「書類がございます」のようにあらたまった言い方にすることができます。また、補助動詞「〜です」「〜である」の丁寧語として、「トイレは2階にございます」という言い換えもできます。

丁寧な雰囲気が出るため、つい多用してしまいがちな表現ですが、相手のことを述べる際には注意が必要です。**「ございます」は相手のことにはあまり使わない傾向がある**からです。「お元気でございますか?」と話すより、「お元気でいらっしゃいますか?」のほうが、印象がよく聞こえます。電話などでも「○○様でございますね」と言うと不快に感じる人がいます。「○○様でいらっしゃいますね」と尊敬語で話すほうが相手への敬意が伝わるので、意識して「いらっしゃいます」を使ってみましょう。

● 過剰に聞こえる「ございます」

文法としては間違っていないのに、違和感をあたえてしまう「ございます」の使い方もあります。「準備してございます」という言い方は、「動詞+てございます」という昔から使われてきた用法で、「用意してございます」などの言い回しが、昔の小説にも登場しています。

しかし、NHK文化放送文化研究所が2011年におこなったアンケートによると、**とくに若い世代で過半数以上が「準備してございます」はおかしいと回答した**のです。

古風に感じられるからか、「ございます」という言い方が、近い将来あまり使われなくなるのかもしれません。若い人が多い場面では、「ございます」を使いすぎないほうが、距離を縮めやすい可能性もあります。

違和感をあたえる「ございます」

✕ 相手に使う

○○様でございますね

○ モノに使う

トイレは2階にございます

「ございます」についての調査

「準備してあります」？　「準備してございます」？

「てあります」は正しいが、「てございます」はおかしいと答えた人の割合

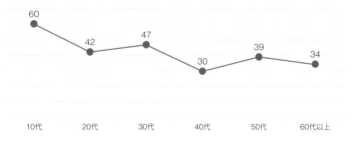

| 10代 | 20代 | 30代 | 40代 | 50代 | 60代以上 |
| 60 | 42 | 47 | 30 | 39 | 34 |

※出典：令和2年度「国語に関する世論調査」の結果の概要より（文化庁）

Point

☑「ございます」は使用に注意が必要な言葉
☑相手のことを言うときは「いらっしゃる」
☑やりすぎてかたい印象にならないようにする

⚖ 3-8　間違いやすい敬語に気をつけよう

「どういたしますか?」は正しくない

● 謙譲語を相手に使わない

　あきらかに間違いとわかる敬語がある一方、「敬語っぽさ」があるものの敬語として間違っているケースもあります。

　例えば、店員などが接客時によく口にし、尋ねられた人が多いと思われる、「どういたしますか?」は敬語として正しいでしょうか?　「いたす」を使っているため、敬語っぽさがありますが、実は、敬語として誤りなのです。なぜなら、**「いたす」は「する」の謙譲語であるため、動作の主が相手である場合には使えないからです。**正しくは、「する」の尊敬語である「なさる」を使って、「いかがなさいますか?」とするのが正しい敬語です。

● 「敬意の方向」を意識する

　敬語っぽく聞こえる間違いを見抜くのは意外と難しく、敬語を使い慣れている人でも間違う場合があります。言葉遣いでほかの人と差をつけられるポイントでもあるので、しっかりと自分の敬語を見直してみましょう。間違いを見抜くコツは、**「敬意の方向」を意識すること**です。誰に敬意を示すのかを理解できれば、へりくだる言葉を使うのか、相手を立てる言葉を使うのかがわかるようになります。「○○と申しましたか?」「○○さんにはお目にかかりましたか?」は、いずれも立てるべき相手に対して謙譲語を使っています。正しくは、「○○とおっしゃいましたか?」「○○さんにお会いになりましたか?」です。場面や状況ごとに、誰に敬意を表すのが適切かを考えて話すように意識しましょう。

• 身内を立てないようにする

　相手を立てなければならないのに、自分や身内を立てた話し方をしてしまう人が多いです。「社長がいらっしゃいます」「課長はもうすぐ戻られます」は、身内に対して尊敬語（「いらっしゃる」や「〜られる」）を使ってしまっています。正しくは、「社長の○○が参ります」「課長の○○はもうすぐ戻って参ります」となります。

　身内に対して謙譲語を使うパターンにも、注意が必要です。「担当者からうかがっております」「弊社の○○からいただきました」は、いずれも身内に謙譲語（「うかがう」や「いただく」）を使っています。「担当者から聞いております」「弊社の○○から受け取りました」のように、謙譲語を身内に使わない言い方をしましょう。

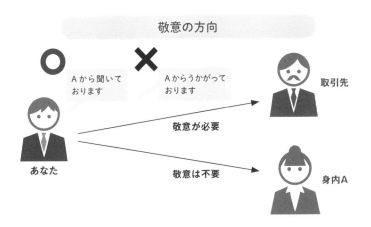

敬意の方向

○　Aから聞いております

×　Aからうかがっております

取引先

敬意が必要

あなた

敬意は不要

身内A

取引先と話すときに、身内を立てる必要はない。身内に対してへりくだったり、立てていたりしないか注意しよう

Point

☑ 敬語っぽさがあっても、間違っている敬語は多くある
☑ 相手に謙譲語を使わないようにする
☑ 身内を立てるような敬語は NG

「ご使用できません」は
実はNG

• 「お・ご+〜する」に注意しよう

　注意深く観察してみると、間違った敬語の多さに気がつきます。例えば、自動販売機などが壊れていて、「ご使用できません」といった表記がされているのを目にしたことはないでしょうか？　実は、これは誤りです。**「ご・お＋〜する」は謙譲語であり、へりくだって相手を高めるときに使います。**「お調べする」「ご案内する」と同じ種類の使い方で、敬意を示す相手の動作に使ってはならない言葉なのです。

　正しくは、「ご使用になれません」や「ご使用いただけません」となります。「ご・お＋〜になる」「ご・お＋〜いただく」は尊敬語で、相手を立てる表現だからです。「お」や「ご」がついていると、それだけで丁寧なように聞こえますが、謙譲表現の場合があることを意識しておきましょう。

• 日常にあふれる間違った敬語

「ご使用できません」のような使い方は、至る所で耳にします。バスのなかでは「ご乗車できません」とアナウンスされることがあります。こちらは乗客の動作に謙譲語を使っているのでNGです。役所などでは、「お手数ですが、書類をご用意できますか？」と聞かれることもありますが、「ご用意できる」というのも謙譲語になります。それぞれ、正しくは「ご乗車になれません」「ご用意いただけますか？」となります。

　普段から間違った敬語に気がつけるようになると、自分の敬語の誤りが減ります。「なにか違和感があるな」と感じたら、その言葉に使

われている敬語の種類を調べて、間違いないか確認すると敬語のよい
トレーニングになります。

間違った敬語の例

\NG!/ ご使用できません

\OK!/ ご使用になれません

\NG!/ ご乗車できません

\OK!/ ご乗車いただけません

\NG!/ 書類をご用意できますか？

\OK!/ 書類をご用意いただけますか？

Point
☑「お・ご＋〜する」という形の**謙譲語は誤用が多い**
☑「**ご用意できますか**」「**ご使用できません**」などに注意
☑ 日常で**間違った敬語に気がつける**ようにしよう

「了解いたしました」は
ダメな敬語

● 自分を立てるのは印象が悪い

　気がつかないうちに自分を立てる言い回しをしてしまうと、文法としては間違っていなくても、上から目線に聞こえてしまう場合があります。

　例えば、「了解いたしました」は「いたしました」という謙譲語が入っているので丁寧に聞こえますが、「了解」という言葉が気になる人もいます。「了解」は本来敬意のニュアンスを含まないので「了解いたします」は問題ないという意見もありますが、**「了解」は目上の人が目下の人に使う言葉だと理解している人がたくさんいます。**マナーの本などで、「『了解いたしました』を目上の人や取引先に使うのは不適切」と書かれることが多くなったため、そのように理解している人が増えたといいます。上から目線だと思われないためにも、「了解いたしました」は避けたほうが無難です。

● 使いやすい「かしこまりました」

「了解いたしました」の代わりに使えるのが、「わかりました」「承知いたしました」「かしこまりました」などです。そのうち「わかりました」は丁寧語であるため、敬語のレベルとしては弱めです。**より敬意を示したい場合は、「承知いたしました」「かしこまりました」がいいでしょう。**「承知いたしました」はかたい印象を受けるというのであれば、「かしこまりました」がおすすめです。ほかにも、「理解しました」「納得しました」などでも OK です。相手との関係性や場面に応じて、柔軟な言葉遣いをできるようになりましょう。

●「言葉選び」に要注意

「了解いたしました」や「ご苦労様です（38ページ）」のように、敬語の種類にかかわらず、控えたほうがよい表現は数多くあります。例えば、**「お教えします」や「おわかりになりましたか」は使う敬語の種類は間違っていなくても、上から目線の印象をあたえます**。相手に教える場合は、「ご説明いたします」と言ったほうが、印象がよくなるでしょう。相手の理解度を確認したい場合は、「ご不明な点はございませんか？」という表現があります。

　尊敬語や謙譲語といった敬語の種類に気を配ったうえで、言葉選びも上手にできるようになれば、敬語のレベルが上がります。

使用を控えたい敬語例

\NG!/

了解いたしました

「了解」は目下の人が使うべきではないと認識している人が多く、使用を控えたほうが無難である。「かしこまりました」などを使う

\NG!/

ご苦労様です

「了解」と同様に、目下の人が使うべきではないとされることが多い。「お疲れ様です」を使ったほうが反感を買う可能性が低い

Point

☑ 敬語の種類以外にも、**言葉選びが大切**
☑「了解」「教える」などがあたえる**ニュアンスに注意**
☑ 上から目線の印象をあたえる**言葉に注意する**

気持ちが伝わる言い換え表現

丁寧に話すだけでは、気持ちが伝わらないケースがあります。そんなときは、言葉遣いを意識するのではなく、伝え方を変えてみるのがおすすめです。

例えば、相手の行動を変えたいときは、「〜してはダメです」という否定表現ではなく、「〜するとよいですよ」と肯定表現を使うようにしましょう。例えば、「エクセルの関数を使わないと、時間が無駄になるのでダメですよ」と言われたら、相手は否定されたような気持ちになります。人によっては反発したり委縮してしまうかもしれません。それを「エクセルの関数を使うと、効率がよくなりますよ」と言い換えたらどうでしょうか？言葉を丁寧にするだけでなく、伝え方を工夫することが大事だと覚えておきましょう。

\OK!/ エクセルの関数を使うと、効率がよくなりますよ

\NG!/ エクセルの関数を使わないと、時間が無駄になるのでダメですよ

第 4 章

\ 会社の印象を左右する！ /

取引先・
お客様との会話

ちょっとしたミスが、大きな損害につながる可能性があるのが、社外の人とのやり取りです。うっかり相手を怒らせたりしないように、場面ごとに使えるフレーズを覚えておきましょう。丁寧な話し方は印象がよくなるうえ、仕事のミスを穏便に収めることもできます。

訪問先の受付での
お決まりフレーズ

• アポイントがあっても情報はきちんと伝える

　訪問先で受付する際は、約束している相手の部署と名前・アポイントの時間を**聞かれる前に伝える**と好印象です。「□□時に○○部の△△様とのお約束があって参りました」のように、謙譲語を用いて伝えましょう。

　約束した相手の名前だけ伝えて、アポイントの予定を調べてもらうのは印象がよくありません。調べるためには「アポイントの時間」や「訪問する相手の名前、所属」などが必要になるからです。受付の人に不要な負担をかけないよう、必要な情報を**ハキハキと明るく、自分から伝える**ことを心がけましょう。

• アポイントがない場合は特に丁寧に

　訪問は事前にアポイントを取るのがマナーですが、やむなくアポイントなしで訪れた際は、受付でアポイントが取れていない旨を伝えて非礼を詫び、取り次いでもらうことになります。

　その際も「○○様に面会希望です」と、自分の希望だけ伝えるのでは失礼です。「お目にかかる時間をいただけないでしょうか?」など、**「相手の時間を自分のために使ってもらう」**ことを意識して、丁寧に**依頼**しましょう。

　受付では、取次をしてもらっている感謝の気持ちを伝えると、自分だけでなく会社の印象もよくなります。定型句である「お世話になっております」にも「いつも」と頭につけることで、より気持ちを伝えられます。

訪問先での OK ／ NG フレーズ

 ＼ NG! ／
〇〇社の△△なんですけど……

 ＼ OK! ／
15 時に営業部の A 様とのお約束があって
うかがいました、〇〇社の△△と申します

 ＼ NG! ／
はじめまして。
〇〇のご担当者様はいらっしゃいますか？

 ＼ OK! ／
突然おうかがいして申し訳ございません

 ＼ NG! ／
〇〇さんはいらっしゃいますか？

 ＼ OK! ／
近くまで参りましたのでご挨拶にうかがいました

 ＼ NG! ／
こんにちは

 ＼ OK! ／
いつもお世話になっております

 Point

☑ **アポイントのあるなしをしっかりと伝える**
☑ **自分から名乗り、挨拶をする**
☑ **ハキハキと明るく話すようにする**

アポイントを取った相手に
まず感謝を伝えよう

● 顔を合わせたらまずは感謝のフレーズ

アポイントの相手と顔を合わせたら、「お時間をいただき、ありがとうございます」と**まず感謝の言葉を伝えます**。これは、オンライン会議や電話などでも使える万能のフレーズです。また、時間だけでなく、「ご指摘をいただき」「ご希望をいただき」など、相手の行動に置き換えても使用できます。

感謝を伝えるときは、丁寧すぎたり、難しい言葉は禁物です。「感謝申し上げます」「幸甚です」などの難しい言葉は感情が伝わりにくく、逆に感謝していることがわかりにくくなります。**口頭で伝えるならシンプルに「ありがとうございます」で十分**です。

同様に口頭で「本日は」という表現を使うのも「かたいな」と思われてしまうので、「今日は」を使いましょう。どんなに丁寧な話し方であっても、言葉選びを間違えると気持ちが伝わりません。

● 場面ごとの言い回しを覚えよう

初対面の相手には「はじめまして」を使いましょう。その際は、「○○と申します」と、謙譲語を使ってきちんと敬意を示します。「どうも」という言葉は敬語ではないので絶対にやめましょう。

アポイントなしの場合は、突然訪問したことを最初にお詫びして、感謝の気持ちを伝えます。時間に遅れた場合もまず謝罪し、遅刻しても受け入れてくれたことを感謝しましょう。

謝罪は**「すみません」は軽く感じられるので NG**。「申し訳ございません」も「大変」をつけると、より謝罪の気持ちが伝わります。

顔合わせの OK ／ NG フレーズ

\ NG! /　本日はご多忙のなかお時間を賜り、
誠に感謝申し上げます

\ OK! /　お時間をいただき、ありがとうございます

\ NG! /　どうも、○○です。よろしくお願いします

\ OK! /　はじめまして、○○と申します

\ NG! /　本日おうかがいしたのは、○○の件で……

\ OK! /　お忙しいところ、突然のご訪問になり、
申し訳ございません。本日おうかがいしたのは～

\ NG! /　すみません、遅くなりました

\ OK! /　お時間に遅れてしまい、大変申し訳ございません

Point ☑ 顔を合わせたら**まず感謝を伝える**
☑ **かたい言葉を控えて、わかりやすく伝える**
☑ 場面によっては**謝罪を先に**

マスターしたい
名刺交換のルール

● 名刺交換の印象はずっと後まで残る

名刺交換は、相手の所有物をいただく行為です。名前などが入っている**名刺は「その人の分身」ともいえるもの**と考え、基本的に両手で丁寧に受け取ります。

同時に差し出した場合は、相手に自分の名刺を受け取ってもらった後に、両手で名刺を受け取ります。受け取るときは、相手の目を見て名前を復唱すると印象がよくなります。互いに受け取った後は心を込めて「よろしくお願いいたします」と言って、離れます。

名刺交換で失敗すると**後々まで「大切な場面で失敗した人だ」という印象が残ってしまう**ので、とくに気をつけなくてはいけません。

● 名刺交換の失敗はその場で挽回する

名刺交換は、訪問側が先に名刺を差し出すのが基本ルールです。その際は「社名・部署名」「フルネーム」を伝え、「よろしくお願いいたします」と続けます。相手に先に差し出されてしまった場合は、**「申し遅れました」と一言添えて、自分の名刺を出す**ようにしましょう。

相手の名前が難しく読み方がわからない場合は、その場で「○○様とお読みするのでしょうか」とすぐに確認します。わからないままにすると相手に呼びかけにくくなるうえ、その後のやりとりで間違えた場合に「あのとき何で聞かなかったのか」と印象が非常に悪いです。

名刺を切らしてしまった場合は、まず誠心誠意お詫びをします。その後、所属や名前を伝えたうえで「後日名刺を送付する」「次回の訪問時に持参する」など、**どう対応するかを伝えましょう。**

名刺交換の OK ／ NG フレーズ

 ＼NG!／
ありがとうございます

 ＼OK!／
ちょうだいいたします。〇〇様ですね。
よろしくお願いいたします

 ＼NG!／
（相手から先にいただいた場合）〇〇と申します

 ＼OK!／
（相手から先にいただいた場合）
申し遅れました。〇〇と申します

 ＼NG!／
（読み方がわからなくても、そのままにする）

 ＼OK!／
恐れ入りますが、お名前はどのように
お読みすればよろしいでしょうか？

 ＼NG!／
すみません、名刺の手持ちがなくて……

＼OK!／
あいにく名刺を切らしておりまして、
大変申し訳ございません

Point
☑ 名刺交換の基本的なルールを理解しておく
☑ 名刺を切らしていた場合の対応も考えておく
☑ 読み方がわからない場合はその場で必ず確認

紹介するとき・されるときに注意すべき点は?

● まずは自分の身内を先に紹介

名刺と同様に、挨拶の場では自分が上司を取引先に紹介し、その後取引先の担当者を上司に紹介するのが基本ルールです。順番が逆にならないように注意しましょう。

また、**取引先に紹介する際に身内に敬称はつけません**。社内で呼ぶように、「○○部長」「部長の○○さん」と紹介するのは間違いです。「部下の教育もできていない」と思われてしまうため、同行した上司に恥をかかせることになるので気をつけましょう。なお、自社のことは「当社」「弊社」のどちらでも OK です。

取引先の担当者を紹介するときは、担当者の名前の前に「いつもお世話になっている」と入れると敬意を感じてもらえます。こちらからアポイントを取って時間をつくってもらった場合は、より敬意を示す表現を選ぶように心がけましょう。

● 紹介を受ける立場になったら

取引先に関連企業の人を紹介するときは、両方に敬意を払います。**複数を紹介する場合、順番はより身内に近い関連企業が先**です。

取引先の担当変更といった自社の人間や、関連会社によって自分が紹介される側になった場合は、「弊社○○より紹介を受けました」「××社○○様よりご紹介にあずかりました」と切り出しましょう。

ゆっくり話すことが可能な場であれば、紹介された後の第一声に「はじめまして」をつけたり、最後に「よろしくお願いいたします」をつけるとよいでしょう。

紹介時の OK ／ NG フレーズ

 ＼NG!／ こちらがいつもお世話になっている、
〇〇社の△△さんです（取引先を先に紹介）

 ＼OK!／ こちらは当社の部長の〇〇です（身内が先）

 ＼NG!／ △△です

 ＼OK!／ はじめまして。
〇〇より紹介を受けました、△△と申します

 ＼NG!／ A社の部長の〇〇です

 ＼OK!／ ご紹介させていただきます。
A社の〇〇部長でいらっしゃいます

 ＼NG!／ （自信がなさそうに）……どうも

 ＼OK!／ お目にかかれて光栄です

 Point
☑ 紹介するときは、**身内から先に紹介する**
☑ 身内に敬称はつけない
☑ 紹介される際の言い回しも知っておく

雑談のときに気をつける
ちょっとした言い回し

● 雑談のときこそ敬語を正しく使う

本題の前の雑談はリラックス効果がありますが、差し障りのない話題ほど気が緩んで敬語を間違えてしまいがちなので注意しましょう。

お土産を持参したときは「食べる」ではなく「召し上がる」が正しい敬語です。その際、「よろしければ」と相手に選択肢をあたえると、より丁寧な印象になります。

手土産を渡すときに「つまらないものですが」と渡してしまうと、せっかくのプレゼントの価値が半減してしまいます。「どんな手土産か」「どんな価値があるものか」が伝わったほうが、**受け取る側の楽しみ**が増え、会話のきっかけにもなります。

● 話題に困ったら質問する

雑談の話題選びに苦労する人は、短い質問から雑談をスタートさせるのがおすすめです。質問してみて相手に興味がなさそうであれば、次々に質問を変えることで相手に響く話題が見つかるでしょう。また、質問では同意を求める質問や相手が知っている前提の質問はNGです。最初は様子をうかがう質問からはじめましょう。

投げかける質問がない場合は、天気の話題が無難です。そのときは「暑いですね」だけではなく、「今日は暑いですが、平気ですか?」など、相手がどう感じるかを引き出すと会話が続きます。

また、雑談で相手のことを尋ねるときは敬語の使い方に注意しましょう。**「やる」は目上の人が目下の人の行動を表すときに使う言葉**で、「なさる」を使うのが正解です。

雑談の OK ／ NG フレーズ

 \ NG! /
こちらつまらないものですが食べてください

 \ OK! /
弊社の近くの人気店のお菓子です。
よろしければ召し上がってください

 \ NG! /
日本代表すごいですよね

 \ OK! /
WBC はご覧になりましたか？

 \ NG! /
仕事の話なのですが……

 \ OK! /
暑いですね。お越しいただくまで
大変ではありませんでしたか？

 \ NG! /
普段はどんな業務をやられていますか？

 \ OK! /
普段はどんな業務をなさっていますか？

 Point
☑ 本題前の雑談はリラックス効果がある
☑ 丁寧な敬語は崩さないようにする
☑ 相手が興味のある話題を選ぶ

「ご説明します」で 上から目線を避けられる

●「教える」は地雷ワード

　これから説明をしようと思ったときに使ってしまいがちな「お教えします」は、実は避けたほうがいいフレーズ。人によっては**「教える＝教える側が上」という認識**で、上から目線と感じてしまうからです。それを避けるには「ご説明します」というフレーズを使いましょう。実際に教える場合でも、伝えるという意味でも使えます。さらに「○○について」とテーマを明確にすることで相手も集中して、理解が深まりやすいのでおすすめです。

　相手の理解度を確認する聞き方にも注意が必要です。「理解できましたか？」という言葉は NG。「理解できたか？」と**上から目線を少し言い換えただけ**だからです。「不明点（わからないこと）はございますか？」と正しい敬語表現を使いましょう。

●ちょっとした言葉の違いで印象が変わる

　自信のなさから「基本的には」など、**本来は不要な言葉を足してしまうと違った意味に解釈される**場合があるので注意しましょう。「基本的には＝応用する場合には問題があるのか？」など、逆の意味に取られてしまいかねません。余計な言葉を入れず話したほうが、相手は理解しやすいのです。「基本的に」「一応」などが口グセになっていると起きやすい誤解なので注意しましょう。

　また、説明の終わりがわからないと聞き手は「まだ続くのかも？」と思って黙ってしまいがちです。そのため、**明確な締めのフレーズで**自分が主導する番が終わったことを伝えましょう。

説明のときの OK ／ NG フレーズ

\ NG! /　〇〇について、お教えします

\ OK! /　早速ですが、ご説明します

\ NG! /　理解できましたか？

\ OK! /　不明点はございますか？

\ NG! /　基本的に、このプロジェクトは問題ございません

\ OK! /　このプロジェクトは問題ございません

\ NG! /　このようになります……

\ OK! /　以上で説明を終了いたします

Point
☑ 上から目線にならないようにする
☑ 余計な言葉は入れずに話す
☑ 締めのフレーズで終わりを明確に

相手の機嫌を損ねない
使える提案のフレーズ

● 相手の事情も配慮した姿勢が好印象につながる

「取引先に提案をした後、相手からの返事がなかなかこない」といった場合、つい結果を知りたくなって「どうでしょうか？」と聞きたくなります。しかし、直接的な聞き方はNG。「誠に恐縮ですが」などのクッション言葉を置いたり、これからの時間を使ってもらうためのお願いの形にするのがおすすめです。これなら、相手に「待たされたんだから早く結論を」という圧を感じさせることなく尋ねることが可能です。

また、「お忙しいところ」というクッション言葉は相手の状況をわきまえていると感じさせ、相手に好印象をあたえることができます。相手を気遣う姿勢は商談の成否にもかかわってくるので大事です。

● 相手を怒らせない反論のやり方

相手から強い意見や難しい要望、クレームなどを言われたときには、**すぐに反論するのではなく「いったん受け入れる」**のが得策です。すぐに反論すると心証が悪くなったり、言い合いになってしまうことがあるからです。「相手を怒らせて取引解消になる」といった最悪の事態を避けるためにも、相手の言葉は最後まで聞きましょう。

相手の話を聞いた後は、**反論ではなく提案や回答の形で話す**のがおすすめです。その際も「差し出がましいようですが、ご提案（回答）申し上げてもよろしいでしょうか」など、提案してよいか事前に尋ねましょう。相手が求めていない提案や回答は「失礼だ」と余計に不快にさせる可能性があるからです。

提案の OK ／ NG フレーズ

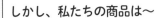
 \NG!/ お話しした件ですが、どうでしょうか？

\OK!/ お忙しいところ恐縮ですが、
ご検討いただけますでしょうか？

 \NG!/ しかし、私たちの商品は〜

 \OK!/ ご懸念の点は理解いたしました。しかしながら〜

\NG!/ それより、〇〇はどうでしょうか？

 \OK!/ 恐れ入りますが、
ご提案申し上げてもよろしいでしょうか？

\NG!/ 弊社の商品を説明させてください

 \OK!/ 御社は〇〇でお困りではないですか？

Point
☑ 丁寧な言葉遣いを意識する
☑ 相手の判断を尊重する
☑ クレームには反論せずに提案をする

無茶なお願いを
さらりとかわす方法

● 即答するのがいいとは限らない

取引先や上司に無茶なお願いをされたとき、すぐに「できません」と即答するのはビジネスパーソンとしては上手なやり方とは言えません。そもそも無茶なお願いをしてくる相手は、お願いの内容が無茶であると思っていないため、その場できっぱりと断ると「検討すらしないで断るなんて！」と**否定されたように感じ、非常に強い不満を抱き**ます。

とはいえ、不可能なことを引き受けることもできません。そこでやりがちなのが、現実的に不可能であり、依頼の前提が間違えているのだと、相手に説明しようとすること。しかし、間違いの指摘は相手の否定と同じことなので解決になりません。

そこで使える**上手な方法が代案の提示**です。「相手の希望をかなえようとしている」と誠意を感じさせるうえ、「○○ならできます」と最後が肯定表現になるため、非常に前向きに聞こえます。

● 否定表現を避けるだけで印象がよくなる

その場で代案が思いつかなかったり、どう考えても無理な場合には、「会社に持ち帰って検討する」「いったん保留して検討する」というフレーズが非常に有効です。その場で否定をせず、後で無理だと伝えたとしても、相手のために最後まで検討したことが伝わります。

相手の**無茶なお願いは「共感して」「一度受け入れる姿勢」が大切**です。そのうえで「申し訳ございませんが」というクッション言葉を入れて難しい理由を説明すると、納得してもらいやすくなります。

断るときの OK ／ NG フレーズ

\ NG! /
その方法だと、できません

\ OK! /
その方法だとできかねますが
〇〇ならできます

\ NG! /
その条件では無理です

\ OK! /
難しいので、社内に持ち帰って検討します

\ NG! /
〇〇でないとできません

\ OK! /
お気持ちわかりますが、
〇〇でご検討いただきたく存じます

\ NG! /
その情報は教えられません

\ OK! /
申し訳ございませんが、
機密情報なのでお答えできません

Point
☑ ストレートに拒否しない
☑ 代案を示して、こちらの誠意を見せる
☑ その場で否定せず保留にする

お願いを聞いてもらうには
気遣いの言葉を添える

● 相手のことを考えていることを示す

相手にメリットのないお願いをストレートに伝えても、普通は断られてしまいます。取引相手や上司であれば「いきなり何を言っているんだ?」「失礼なヤツだ」と怒らせてしまうかもしれません。そこで覚えておきたいのがお願いのときのクッション言葉です。

「お忙しいなか恐れ入りますが」「申し訳ございませんが」は、「相手に迷惑をかけている」「相手に悪いことである」を自覚していることを表すクッション言葉。**「相手のことを考えたうえで依頼している」**ことが伝わるため、いきなり依頼するよりも印象がよくなります。依頼後に相手にメリットが生じるお願いの際も、クッション言葉→依頼→生まれるメリットの説明の順で話すと、謙虚さが強調されます。

● クッション言葉が失礼な印象をやわらげる

こちらの都合で相手を動かすなど、**自分の希望を通したいときは敬語をしっかり使った丁寧な言葉遣いをする**ことが大切です。その際は、「動いてもらって当然」という態度と思われないように気をつけます。たとえば「すみません、○○してもらえますか?」では敬意や配慮を感じられませんが、「大変心苦しいのですが、○○していただくことはできますか?」とすると丁寧で敬意が払われていると感じます。

また、依頼で気をつけたいのが「○○でお願いします」という表現です。**自分の都合を押しつけているように聞こえて**、相手を不快にさせたり怒らせてしまったりする可能性があります。相手の労力を気遣うクッション言葉をはさみましょう。

お願いの OK ／ NG フレーズ

 \NG!/
アンケートにご協力ください

 \OK!/
お忙しいなか恐れ入りますが、
アンケートにご協力いただけますか？

 \NG!/
すぐに確認してください

 \OK!/
申し訳ございませんが、
早急にご確認いただきたく存じます

 \NG!/
すみません、締め切りを延ばせますか？

 \OK!/
大変心苦しいのですが、締め切りを延ばして
いただくことはできますか？

 \NG!/
打ち合わせは弊社にてお願いします

 \OK!/
ご足労おかけし恐縮ですが、
お越しいただけませんか？

 Point

☑ **クッション言葉を活用する**
☑ **相手の労力を意識して話す**
☑ **自分の都合と思われない表現で**

軽々しく聞こえない
謝罪の言葉とは?

● 事態の重大さに合わせて表現を変えよう

謝罪の基本的なフレーズは「申し訳ございません」ですが、大きなミスをしてしまったとき、それだけでは**謝罪の言葉として軽すぎる**場合があります。事態の重大さに合わせて「大変」「まことに」などの強調をつけ加えましょう。

日常的に使うことのない「お詫び申し上げます」は明確な謝罪表現のひとつで、より謝罪の気持ちが伝わります。さらに強調する場合は「深く」「心より」などを頭につけましょう。

また、相手の質問に答えられないときに、頭に「すみませんが」をつけるのはNG。**「謝っている気持ちが伝わらない」「他人事のような言い方」**と相手を怒らせることがあります。「わかりません」と違って、断定しない「存じかねます」のほうが柔らかい表現です。

● 「失礼しました」では謝意が伝わらない

「失礼しました」は、間違ってしまったときや間違いを指摘されたときに使うことが多いフレーズです。敬語としては間違えていませんが、謝罪の言葉を受け取る側と考えたらどう感じるでしょうか?「とりあえず口だけ」「自己完結している」と感じる人もいるでしょう。そのため、「多大なるご迷惑」のように重大であると伝わる表現を入れて、**誠心誠意謝っていることが伝わるようにする**のが正解です。

「忘れる」ことは誰にでもありますが、「忘れていました」だと軽すぎです。相手の貴重な時間を奪ったことに対して謝罪していることが明確にわかるように、丁寧な言葉できちんと謝罪しましょう。

謝罪の OK ／ NG フレーズ

 ＼ NG! ／
ミスがあり、すみませんでした

 ＼ OK! ／
問題がございましたこと、お詫び申し上げます

 ＼ NG! ／
すみませんが、わかりません

 ＼ OK! ／
その件は存じかねます、申し訳ございません

 ＼ NG! ／
失礼しました

 ＼ OK! ／
ご迷惑をおかけし、大変申し訳ございません

＼ NG! ／
忘れていました

＼ OK! ／
不注意で失念しておりました

 Point
☑ 言い訳をせずに、誠意を込めて謝る
☑ 重大さに合わせた表現を使い分ける
☑ 受け取る側がどう感じるか想像する

本当に気持ちが伝わる
丁寧な感謝の言葉

● とにかく感謝するポイントを見つける

　感謝の気持ちを伝えられると人はうれしく感じるものです。そのため、会話の中で感謝の言葉をたくさん入れると、相手によい印象をあたえることができます。

　たとえば、依頼を受けてくれたときに「相手にも利益があるから受け入れてくれたのは当たり前」だと思うのではなく、きちんとお礼を言うようにします。「ご快諾いただきありがとうございます」はビジネスシーンでもよく使う表現で、**相手の行動を改めて取り上げ、それに感謝する**表現を入れることで好感度は上がります。やりすぎない程度に相手に感謝する言葉を入れるのが、お礼の会話のポイントです。

● 感謝の気持ちを丁寧な言葉で伝える

　雨が降っていたり、暑い・寒いなど天候が悪かったりするなか訪問するのは、いろいろと不都合があって大変なことです。近年はオンライン会議も普及してきたため、わざわざ時間を費やすことになる訪問の価値も増しているといえるでしょう。そういった**苦労を察した言葉は相手の心に響き**、信頼関係が生まれるようになります。

　相手が労力をかけてこちらの利益になるようなことをしてくれたときは、「ありがとうございます」では物足りないと感じさせる場合があります。そう思われないためには「ご尽力」「感謝申し上げます」など、**相手の行動を敬う表現やきちんとした感謝の言葉**が大切です。その際は、相手の名前を入れると親近感を抱いてもらえ、より相手に気持ちが伝わります。

感謝するときの OK ／ NG フレーズ

\ NG! /
承知いたしました。それでは〜

\ OK! /
ご快諾いただき、誠にありがとうございます

\ NG! /
どうぞ、こちらです

\ OK! /
お足元の悪いなか、
お越しいただきありがとうございます

\ NG! /
ありがとうございました

\ OK! /
ご尽力くださり、感謝申し上げます

\ NG! /
感謝いたします

\ OK! /
○○さんのおかげで、大変助かりました

Point

☑ きちんと言葉に出して伝える
☑ 相手がしてくれたことを口に出す
☑ シンプルになりすぎないようにする

来客への丁寧な対応は
会社のイメージもアップ！

● 丁寧な態度で相手の緊張もやわらぐ

来客は、自分が担当ではなくても自社に訪れた大切なお客さんです。会社の入口や通路などで行き先がわからずに**戸惑っているお客さんには、積極的に声をかけてご案内する**と会社のイメージアップになります。しかし、敬語の使い方を間違えるとせっかくの行動がマイナスになってしまうので注意しましょう。

来客に声をかける場合、相手の名前を教えてもらうことになりますが「聞けますか？」の謙譲語である「うかがえますか」を使いましょう。いきなり名前を聞かれると不快に感じる相手もいるので、**「差し支えなければ」とクッション言葉**を使います。名前にかかわらず、相手の個人情報を教えてもらうときは、「クッション言葉＋より丁寧な言葉」と覚えておきましょう。

来客を案内した後に待たせてしまう場合はその旨を伝えます。担当者は身内なので「来る」は謙譲語の「参る」を使いましょう。

● 来客時の困りがちな敬語表現

慣れないうちは来客にかける言葉選びで迷うかもしれません。そんなときは、「いらっしゃいませ」や「お越しいただきありがとうございます」が無難です。また、実際には待っていなくても「お待ちしておりました」と伝えると印象がよくなります。

来客に担当者がいるか聞かれたときの返事は、今この場にいないときは**「席を外しております」**、外出しているときは**「外出しております」**という定番のフレーズを使いましょう。

来客のときの OK ／ NG フレーズ

 ＼ NG! ／
失礼ですが、どちら様ですか？

 ＼ OK! ／
差し支えなければ、お名前をうかがえますか？

 ＼ NG! ／
しばらくお待ちください

 ＼ OK! ／
もうすぐ担当者が参ります。少々お待ちください

 ＼ NG! ／
こんにちは

 ＼ OK! ／
いらっしゃいませ。お待ちしておりました

 ＼ NG! ／
今はいません

 ＼ OK! ／
あいにく〇〇は席を外しております

Point

- ☑ 困っている来客には積極的に声をかける
- ☑ よく使うフレーズを覚える
- ☑ 相手が不快に感じないように注意する

上手な受け答えで
接待の場をスマートにこなす

● 外部の人の有無で敬意の示し方は変わる

取引先を招いて接待をするとき、若手社員が司会を任されることがあります。普段は敬語を使っている上司と取引先が一緒にいる場では、敬意の対象を間違えやすいので注意が必要です。

「○○社長」に「～いただきます」は身内である社長を立てる敬語で、外部の人の前で使うのは NG。**外部の人がいる場合は、身内の動作をへりくだって外部の人に敬意を示す**ので、社長挨拶での紹介の言い方は「社長の○○」からお客様に「ご挨拶申し上げます」が正解です。

また、お客様に食事を勧める場合には「どうぞ食べてください」ではなく、尊敬語の「召し上がってください」を使いましょう。「冷めないうちに～」と言うと、急かしているような印象をあたえますが、「温かいうちに～」と言うと相手に配慮しているような印象になります。

● 歓談の場では敬意を払う表現を

歓談の時間の会話も敬意をきちんと示しているかどうかに注意を払いましょう。

質問するときに**「あなた」と呼びかけるのは敬意が感じられない**ので NG。名前がわからなければ、尋ねたうえで、「○○さんはいかがですか?」と名前を呼ぶようにしましょう。

また、接待の場ではお酒がつきものですが、相手からのお酒を断るときには「もう飲めません」「いりません」は冷たく感じられるので NG。「十分いただきました」と**謙譲語で断った後、「ありがとうございます」と付け加える**と、気分を害さずに断ることができます。

接待での OK ／ NG フレーズ

 \ NG! /
弊社の〇〇社長にご挨拶いただきます

 \ OK! /
弊社社長の〇〇からご挨拶申し上げます

 \ NG! /
冷めないうちにどうぞ食べてください

 \ OK! /
温かいうちに召し上がってください

 \ NG! /
あなたはどんなスポーツが好きですか?

 \ OK! /
〇〇さんはどんなスポーツが好きですか?

 \ NG! /
もう飲めません、結構です

 \ OK! /
十分いただきました。ありがとうございます

Point
☑ 敬語の正しい使い方を忘れない
☑ 敬意の向きに注意する
☑ 失礼と感じない断り方を

一度相手に共感するのが
クレーム対応の基本

●クレーム対応は相手の怒りを否定しない

クレーム対応で大切なのは共感の姿勢を示すことです。相手は損害を被ったと主張しているので、「申し訳ございません」と非を認めて「以後気をつけます」と今後の話をしても、怒りは収まりません。まずは「大変」を付け足して強い謝罪の気持ちを伝え、それに続けて**相手の怒りが正当なものであると肯定する**と、相手は「自分の主張を認めてもらえた」と感じて怒りが収まりやすくなります。大切なのは相手に共感する姿勢を見せることです。

相手が冷静になった後であれば、再発防止に努める姿勢を見せることで納得してもらいやすくなります。

●不快にさせたことをまず謝罪

クレームは、相手が何に怒っているのかを明確にすると怒りを収める道筋が見えてきます。原因を探るためには、自分たちに非があるかがわからなくてもまず謝りましょう。その際は、**相手の怒りを生んでしまったことや不快にさせたことを謝る**と、ミスがあったと認めずに場を収められます。

逆に自分たちに非がないと思っても「こちらに非はありませんよね？」「勘違いしたようですね」と、迷惑をかけたと認めない発言をすると、さらに相手の怒りを助長してしまうことがあります。

相手の怒りが強い場合は、「いつ返事をするのか」も明確にしましょう。「確認して折り返しします」などあいまいな返事をすると「うやむやにしてごまかすつもりなのか」と思われてしまうことがあります。

クレーム対応の OK ／ NG フレーズ

 ＼ NG! ／
申し訳ございません。以後気をつけます

 ＼ OK! ／
大変申し訳ございませんでした。
お怒りはごもっともでございます

 ＼ NG! ／
ご迷惑をかけたのであれば、申し訳ございません

 ＼ OK! ／
ご不便をおかけして、
大変申し訳ございませんでした

 ＼ NG! ／
こちらに非はありませんよね？

 ＼ OK! ／
ご迷惑をおかけして、大変申し訳ございません

 ＼ NG! ／
確認いたしますので、しばらくお待ちください

 ＼ OK! ／
確認のうえ、明日折り返しご連絡をいたします

 Point
☑ 相手に共感する姿勢を持つ
☑ 不快にさせたことをまず謝る
☑ 今後の対応を明確にする

COLUMN 4

好感を持たれる
話の切り出し方

たくさんの人の前で話すときは、どうしても緊張してしまうものです。そんなとき、自信のなさからか「たいした話ではなくて申し訳ないのですが…」「思いつきで恐縮ですが……」とハードルを下げるような言葉で話し出してしまう人がいます。しかし、聞き手からすれば、「たいした話でないならば、聞きたくない」というのが本音。相手も貴重な時間を割いて聞いてくれているのだから、話し手は話す内容をできるだけブラッシュアップすることが求められます。間違っても自分から、「つまらない話だ」と言わないようにしましょう。自信がない場合は、「緊張していますが、精いっぱい話をさせていただきます」と伝えるほうが、好感が持てます。話のおもしろさを判断するのはあくまでも相手。自分からレッテルを貼らないように注意しましょう。

\ OK! / 緊張していますが、精いっぱい話をさせていただきます

\ NG! / たいした話ではなくて申し訳ないのですが……

\ NG! / 思いつきで恐縮ですが……

第 5 章

\ 会社で一目置かれる！ /

上司・先輩との
会話

社内でも信頼関係の構築は必要です。人間関係は、「仕事のしやすさ」や「出世」にも影響をあたえます。同じことを言っていても、言い方ひとつで印象は大きく変わるもの。上司や先輩と気持ちよく仕事をするために使えるフレーズを覚え、快適な社会人生活をスタートしましょう。

報告や確認のときは
疑問形を使うのがベスト

● 相手の時間を尊重する姿勢が大事

　上司や先輩に、報告や確認をお願いするときは、まずは**話をしてもよいか相手に判断をゆだねる**ようにしましょう。予定が詰まっているのに急に時間を奪われたら、相手は嫌な気持ちになるでしょう。そのため、いきなり報告を始めるのではなく、「お時間いただいてよろしいでしょうか？」のように、**相手が話を聞ける状態かどうかを思いやること**が大事です。その際、どのぐらいの時間が必要なのかを一緒に伝えると、相手も判断しやすく印象もよくなります。

　確認のお願いも同様です。「確認してください」は相手の時間より自分の都合を優先するように聞こえるため、「お忙しいところ恐縮ですが」と相手を思いやるクッション言葉をはさみましょう。

● 決めつけや無責任と思われない聞き方

　報告や相談の際に**自分の意見を押しつけるような話し方もNG**です。断定的に意見を伝えると決めつけていると思われてしまうので、「〜だと思うのですが、いかがでしょうか？」と自分の意見を述べて、それが正しいかを尋ねる疑問形を使いましょう。

　わからないことがあったときの質問の仕方にも注意が必要です。社会人にとって大事なのは主体的に動くことなので、「わかりません」「どうすればいいでしょうか？」では主体性がなく、判断を丸投げする無責任な態度に見えたり、相手が動いてくれるのを待っているように聞こえてしまいます。そのため、**「ご意見うかがえますか？」というフレーズで受け身ではないことを示す**ようにしましょう。

報告・確認の OK ／ NG フレーズ

 \ NG! /
すみません、先日の件なのですが……

 \ OK! /
ご報告したいのですが、5分ほど
お時間いただいてよろしいでしょうか？

 \ NG! /
確認してください

 \ OK! /
お忙しいところ恐縮ですが、確認をお願いします

 \ NG! /
私はA案がいいと思います

 \ OK! /
A案がいいと思うのですが、いかがでしょうか？

 \ NG! /
どうすればいいかわかりません

 \ OK! /
ご意見うかがえますか？

Point
☑ 相手の都合を先に確認する
☑ 自分の意見は質問の形で伝える
☑ 受け身に聞こえる言い方は避ける

伝えられた相手が
うれしくなるお礼の伝え方

● 褒められたら素直に受け取るようにしよう

古くから美徳とされてきた「謙遜」ですが、何でも謙遜すればいいというわけではありません。とくにビジネスの世界では、「大したことないです」など、**褒められたときにネガティブなリアクションをするのは間違い**です。謙遜の気持ちの表れかもしれませんが、褒めた側からしたら「評価したことを否定される」ことになり、気分もよくありません。素直に「お褒めにあずかり光栄です」「うれしいお言葉、ありがとうございます」といった賞賛を受け入れたほうが褒めた側も気分がよく、雰囲気もよくなります。

● 相手の行動に対してはお礼を言おう

何かをしてもらったときに使う言葉として「すみません」は適していません。それは、「すみません」は迷惑をかけたときに謝る言葉であり、お礼の言葉ではないからです。**相手の行動に対するお礼としては、「お力添えいただき、ありがとうございます」**を使いましょう。相手も謝られるよりもお礼を言われたほうが気分もよくなります。

アドバイスをしてもらったときの言葉も「参考になります」は避けましょう。人によっては「参考程度にしかならないのか」「採用する気がないのか」と思われてしまうからです。お礼とともに「勉強になりました」というフレーズを使うようにしましょう。

説明を受けたときなど、「わかりました」ではなく、お礼を述べるようにしましょう。ささいなことでも**相手の行動にしっかりとリアクションをする**ことが、信頼関係をつくることにつながります。

お礼の OK ／ NG フレーズ

 ＼ NG! ／ 大したことないです

 ＼ OK! ／ お褒めにあずかり光栄です

 ＼ NG! ／ お手数おかけして、すみません

 ＼ OK! ／ お力添えいただき、ありがとうございます

 ＼ NG! ／ 参考になります

 ＼ OK! ／ ありがとうございます。勉強になりました

 ＼ NG! ／ はい、よくわかりました

＼ OK! ／ ご説明いただきありがとうございました

Point ☑ 褒め言葉は素直に受け取る
☑ 「すみません」より「ありがとうございます」
☑ 相手の行動に感謝を述べる

お詫びは言葉だけでなく
改善案や代案とセットで

● 信頼回復には具体的な再発防止策が必要

どんなに気をつけて仕事をしていてもミスは起きてしまうもの。会社も上司も多少のミスであれば「仕方がない」ものとして許容してくれるので過度に恐れる必要はありません。大切なのは同じようなミスを二度と起こさないようにすることです。

ミスを謝るときは、「今後は〜します」と、**ただ謝るよりも具体的に再発防止策を伝える**と信ぴょう性が増し、相手にも信頼されやすくなります。「すみません、以後気をつけます」は言葉だけと受け取られ、誠意がないと思われてしまう可能性があるので避けましょう。

● 理由の説明は謝罪後に

謝るときに大切なのは、「言い訳をしない」「きちんと謝る」ことです。その際、理由を先に話すと言い訳をしているように聞こえるので、先に謝ってから理由を続けるようにしましょう。

たとえば、電車遅延で打ち合わせに遅刻した際、「電車が遅延していて、遅くなりました」と言うのは、事実であっても電車に責任転嫁しているように聞こえます。理由はともあれ、遅れたことを**まずは謝罪し、その後に理由を伝えるという順番も大切**です。

連絡の遅れの謝罪も、人間関係を良好に保つには重要です。伝えていた時間から遅れた場合は、「ご連絡が遅くなり、申し訳ございません」ときちんと謝りましょう。また、約束の期日までに間に合わないときに謝罪だけで終わると「どうなるのか？」と相手は不安になるので、**「いつまでに」と具体的な代案を示す**ことも大切です。

謝罪の OK ／ NG フレーズ

 ＼NG!／ すみません、以後気をつけます

 ＼OK!／ 今後は事前に確認をするようにします。
申し訳ございませんでした

 ＼NG!／ 電車が遅延していて、遅くなりました

 ＼OK!／ 申し訳ございません。電車が遅延しまして〜

 ＼NG!／ 連絡が遅くなりました

 ＼OK!／ ご連絡が遅くなり、申し訳ございません

 ＼NG!／ 間に合わず申し訳ございません

 ＼OK!／ 間に合わず申し訳ございません。
17 時までにはお送りいたします

 Point
☑ 今後の再発防止策を明確にする
☑ 言い訳をしないで誠意を示す
☑ 理由は謝罪の後に説明する

お願いをする前に
相手の立場で考えよう

● 自分でも考える姿勢が好印象につながる

上司は忙しく仕事をしている場合が多いもの。そんな忙しい相手に「どうすればいいのか教えてください」というお願いの仕方では、「何も考えていないのか」と思われてしまいます。また「ゼロから教えてください」は時間を費やすことをお願いするのと同じなので、**「相手のことを考えていない」と非常に印象が悪くなる**ことがあります。

自分がどこまでわかっていて、何がわかっていないのかを伝えたうえで、「ご意見うかがえますか？」と尋ねると、最低限の答えで済むため、上司にとっては負担が少なくなります。

● 頼み方のポイント

ビジネスでは、期日を守ることは非常に大切です。そのため、指示を受けたときは「いつまでに必要でしょうか」と、**相手から提示されていなくても期日を確認する**姿勢を見せると印象がよくなります。

逆に、依頼をするときはなるべく細かく指示をします。「いい感じに」「適当に」など、相手にゆだねる言葉で頼むと完成度が低くなって、後々トラブルに発展する可能性が高くなってしまうからです。

社会に出ると「教えてもらえって当然」ではなく、自分の理解度に合わせて丁寧に説明してもらえるとは限りません。マニュアルを渡されてあとは自己責任ということもあり、わからないことを教えてもらうためにお願いする必要が出てきます。「教えてください」は相手に強制するように聞こえるので、**判断を相手にゆだねる「ご教示いただけますでしょうか？」というフレーズを使う**のがおすすめです。

依頼するときの OK ／ NG フレーズ

 \ NG! /
どうすればいいか教えてください

 \ OK! /
顧客への訴求力から、A案で進めたいのですが
ご意見うかがえますか？

 \ NG! /
わかりました。進めておきます

 \ OK! /
いつまでにお渡しすればいいか教えてください

 \ NG! /
いい感じに資料をつくってください

\ OK! /
参加者が理解できるよう、図やグラフを
入れてください

 \ NG! /
教えてください

 \ OK! /
ご教示いただけますでしょうか？

Point
☑ できるところまでは、**自分でやるようにする**
☑ 指示は**なるべく細かく、明確にする**
☑ 相手の状況に配慮して、**お願いをする**

上司や先輩を指す言葉を
間違えると恥ずかしい!?

● 社内での敬語の言い換えは難しい?

外部の人に社内の人を紹介するときと同じように、間違えやすいのが社内の自分より偉い人の言葉を別の人に伝える場合の敬語です。

社長は社内で一番上の立場ですが、その言葉を自分の上司に伝える場合には、**相手が言っていた言葉通り伝えるのは NG です**。社長から自分の上司への伝言の場合、立場は「社長>上司」と考えがちですが、自分と上司の立場は「上司>自分」です。

そのため、上司に伝える場合には社長の言葉を尊敬語に直す必要があります。伝言するときは「～とお伝えするようにことづかりました」というフレーズが丁寧に聞こえるためおすすめです。

● 誰に相手の敬意を表すかを整理して話す

取引先やお客様と電話で話すとき、**敬意を払うべき対象は電話の相手です**。そのため、電話の相手に社内の人の行動について話すときは、「○○社長」など役職を名前に続けたり、「ご伝言」と言うなどの尊敬語は間違いになります（85ページ）。ただし、相手が上司の家族の場合は、上司の行動を尊敬語で表します。

一方、社内で立場が上の人に自分の上司の行動について話すときは、「○○課長は～されています」などと、上司の行動に対して尊敬語を使うのが正解です。敬意を表す対象を間違えないようにしましょう。

上下関係のない同僚の行動については、尊敬語を使う必要はありませんが、相手への敬語を崩さずに「～さん」をつけたり、「～です」などの丁寧語を使いましょう。

社内での OK ／ NG フレーズ

\ NG! /

社長から「課長に準備してもらって」と
言われました

\ OK! /

社長から「ご準備いただきたい」と
課長にお伝えするようことづかりました

\ NG! /

（取引先に）〇〇部長からのご伝言です

\ OK! /

部長の〇〇は〜と申しております

\ NG! /

社長、課長の〇〇はただいま外出しております

\ OK! /

社長、〇〇課長はただいま外出されています

\ NG! /

佐藤さんが「6時に戻られる」とのことでした

\ OK! /

佐藤さんは「6時戻りになる」とのことです

Point 👆
☑ 社内では上司や先輩の動作には尊敬語を使う
☑ 社内向けの敬語表現を外部の人に伝えない
☑ 同僚の動作に対しては、尊敬語を使う必要はなし

会議のときに一目置かれる発言の仕方を覚えよう

● まずは賛成の部分を伝えるようにしよう

会議は複数の人で行いますが、その目的は複数の意見を出し合うことでよりよい結果を得ることです。そのため、会議は参加するだけでは十分ではありません。意見を述べて参加することが大切です。

会議で反対意見や気になる点を述べる際は、**はじめに同意できる部分を共有する**と、その後の議論がスムーズになります。反対意見から話し始めると、相手はすべてを否定されているように感じてしまうからです。内容におおむね問題がないのであれば、「基本的には賛成ですが〜」のようにプラス評価であることを挙げてから気になる点を伝えます。一部だけでも肯定できるなら「○○の部分は素晴らしいと思いますが」とクッション言葉をはさんで発言するとよいでしょう。

● 会議では言葉選びを慎重に

会議では活発な意見交換が求められますが、質問をしたいときは「すみません。質問があるのですが」ではなく**「質問してもよろしいでしょうか？」**と疑問形で切り出します。全体に対して意見を求めたいときは「ご質問はございますでしょうか？」を使いましょう。

会議で意見を求められたときに「〜と思います」という言い方は、自信がないように聞こえてしまうため NG です。「異存はございません。賛成です」と言い切ると信頼感が増します。

取引先や外部の人との会議で質問する際は、「どういう意味ですか？」のような**相手の説明が悪かったように聞こえる言い方は避けましょう**。クッション言葉を入れると印象が柔らかくなります。

意見するときの OK ／ NG フレーズ

 ＼ NG! ／

○○の点が気になっています

 ＼ OK! ／

基本的には賛成ですが、
○○の点だけ気になっております

 ＼ NG! ／

すみません。質問があるのですが

 ＼ OK! ／

質問してもよろしいでしょうか？

 ＼ NG! ／

それでいいと思います

 ＼ OK! ／

異論はありません。賛成です

 ＼ NG! ／

それはどういう意味ですか？
わかりませんでした

 ＼ OK! ／

私の理解不足で申し訳ございませんが〜

Point
☑ マイナス意見の場合も肯定から入る
☑ 質問があるときは「よろしいでしょうか？」
☑ 意見は言い切りの形で

オンライン会議を
円滑に進めるコツとは?

● オンライン会議ならではのルール

　たくさんの人が参加する社内のオンライン会議では、誰かのマイクが雑音を拾ってしまうことがあります。複数の人がマイクをオンにしている状態だと、「静かにしてください」と注意を促しても、本人に自覚がなければ改善しません。そのため**「発言するとき以外はマイクをミュートにする」**ことをルールにするとよいでしょう。自宅で参加する場合は、ある程度の生活音や背後の工事の音などはコントロールできないので仕方ありません。オンライン会議では完璧を求めすぎず、柔軟に対応することを意識しましょう。

　また、オンライン会議は名乗らないまま会議が始まってしまうことがあります。名前表示がされていないと「この人は誰なのか?」と印象が悪くなるので、**画面がオンになったらまず名前を名乗り**、ひとこと挨拶をするようにしましょう。

　オンラインでは通信などのトラブルが起こりやすいので、**開始後すぐに音声の乱れがないかなどを確認**しておきましょう。

● オンラインならではの考え方

　対面での打ち合わせでは本題に入る前の雑談がリラックスするのに効果的でしたが、オンラインでは相手のカメラの性能や通信環境によっては相手の感情を読み取りづらいことがあります。表情の微妙な変化を読み取れないなかで雑談を進めるのも難しいので、**早めに本題に入っても構いません**。とくに初対面の相手とのオンライン打ち合わせでは、本題のあとのほうが緊張せずに雑談ができます。

オンライン会議の OK ／ NG フレーズ

 ＼ NG! ／
静かにしてください

 ＼ OK! ／
発言していないときは
マイクはミュートでお願いいたします

 ＼ NG! ／
…（画面がオンになったのに無言）

 ＼ OK! ／
〇〇です。本日はよろしくお願いいたします

 ＼ NG! ／
野球はご覧になりますか？

 ＼ OK! ／
早速ですが、本題に入らせていただきます

 ＼ NG! ／
早速ですが、はじめさせていただきます

＼ OK! ／
こちらの音声は聞こえておりますでしょうか？

 Point
☑ オンライン限定のルールを知っておく
☑ 完璧を求めすぎずに柔軟な対応を
☑ 雑談なしで本題に入っても OK

「次も頼みたい」と思われる感じがよい指示の受け方

•指示の内容に誤りがないか確認しよう

上司から指示を受けたときは、内容や日時に間違いがないように、必ず復唱して確認するようにしましょう。その際は指示に入っていなくても「いつまで」などの期日を入れるようにします。

指示の内容を一度で理解できないのは恥ずかしいことではありません。間違った理解のまま進めてしまうほうが時間を無駄にしてしまううえ、「なぜ最初にその理解で正しいかを確認しなかったのか?」「本当にそれでいいと思ったのか?」と思われ、評価が下がってしまいます。指示が長い場合には、指示の途中でも「メモを取ってよろしいですか?」と相手に確認しましょう。話をさえぎることに気を遣うより、指示の内容をしっかりと記録するほうが評価は上がります。

•聞き直しすることを恐れない

指示をされても、ほかの仕事の締め切りがあってどうしてもできない場合は、理由を伝えて断らなくてはいけません。できないとわかっていて引き受けるのは、「なぜ先に言わなかったのか?」と非常に悪い印象をあたえるからです。そのときは「恐れ入りますが」などのクッション言葉を使いましょう。

また、一度聞いたことでも忘れたり、わからない点が出てくることがあります。「もう一度確認するのは悪い」などと遠慮して抜け漏れがある仕事にするほうが問題なので、「仕事を完遂させるために」と考えて必ず再確認しましょう。繰り返しになることを申し訳なく思う気持ちをクッション言葉で伝えるのも大事です。

指示されたときの OK ／ NG フレーズ

\ NG! /
わかりました。やっておきます

\ OK! /
かしこまりました。来週までに準備します

\ NG! /
それはできません

\ OK! /
恐れ入りますが、ほかの締め切りがあり、
できかねます

\ NG! /
はい、大丈夫です

\ OK! /
承知いたしました。
メモを取ってもよろしいでしょうか

\ NG! /
この前なんて言ってましたっけ？

\ OK! /
恐れ入りますが、もう一度確認させてください

Point
☑ 指示を受けたら復唱する
☑ 断るときはクッション言葉を使う
☑ 指示を覚えきれない場合はひと声かけてメモする

飲み会は上司や先輩と
打ち解けるよいチャンス

● 自分の話を披露するのが打ち解けるコツ

飲み会などのフランクな場面では、仕事のときと違い、お互いの個人的な好みや考え方を理解することで関係性がよくなります。相手と打ち解けるためには、自分のこともある程度は話さなくてはいけません。**自分のことを一切話さない人は信頼できない**からです。上司がする話も「自慢話だな、面倒くさい」と切り捨てるのではなく、上司が「自分に伝えようとしてくれている」と思うようにしましょう。

打ち解けるためのコツは、お互いのことを伝え合うこと。そのため、**相手の話に反応したり、自分の話をするのが大切**です。そうしないと「こっちは心を開いたのに応えないヤツだ」と悪い印象をあたえてしまいます。自分の話をするのが苦手な人は、「私も～です」のように、話に合わせる形で、自分のことを話すようにしましょう。

● 会社の飲み会に無礼講はない

「今日は無礼講だから上下関係なし！」などとよく言われますが、真に受けて**先輩や上司に「タメ口」を聞くのは絶対にNG**。場に合わせたパフォーマンスで「タメ口をつかってみせる」という場合を除き、「タメ口で！」と言われても謙譲語を尊敬語に、尊敬語を丁寧語にと敬語のレベルを下げる程度に留めます。

若手のうちは、ほかの人の飲み物に気を配ることができると「気が利く」「礼儀正しい」と好印象を得られます。逆に、飲み会でも性的な話や外見の話はセクハラなのでNG。とくに、外見については**褒めたつもりでも相手が嫌だと感じるとアウト**なので気をつけましょう。

飲み会での OK ／ NG フレーズ

 NG! はあ……よくわかりません

 OK! ○○についてですか……私は△△だと思います

 OK! どうぞ、お注ぎします

 OK! 同じ飲み物でもよろしいですか？

 NG! どうも、ありがとうございます

 OK! お誘いいただきありがとうございます

 NG! 経理課の○○さんがかわいいですよね

 NG! ○○さんはイケメンですね

 Point
- ☑ 交流を深めるために、**自分のことも話す**ようにする
- ☑ 無礼講でも**気遣いは忘れない**
- ☑ 話題に気を遣い、全員が不快にならないようにする

「共感」を意識すると
雑談も盛り上がる

● 映像が浮かびやすい言葉選びがポイント

普段から「雑談などで上手く会話を盛り上げられない」という人は、「猫を2匹」ではなく「元気な白猫と黒猫」など、相手の頭に映像が浮かぶような話し方を意識しましょう。名詞（なにが）や動詞（どうした）だけではなく、形容詞（どのような）を付け加える方法です。数を具体的に説明するのもいいでしょう。

「事実を淡々と説明する」のも雑談が盛り上がらない原因です。相手も話を聞くのがつらくなってしまい、話を続ける気がなくなってしまいます。自分がどう感じたかを最後に話すようにすると、相手も感情移入できるようになり、共感してもらえます。さらに臨場感のある話し方ができると理想的です。

● 共感の効果と注意点

相手も知っている共通のものを取り上げ、それに対する感想を言うときにも「〜です」ではなく、「〜ですよね」という言い方をすると相手の共感を誘うことができるのでおすすめです。同じ感想を持っていれば相手も共感しやすく、話も盛り上がって信頼関係が深まります。もし違う感想が出ても「なるほど、〜ですからね」と共感を示すことで、相手の印象をよくすることができます。

雑談で盛り上がるのがうわさ話や愚痴ですが、うかつに返事をしてしまうと「○○と言っていたよ」などと話が広がって、もめごとに巻き込まれる可能性もあるので注意が必要です。うわさ話や愚痴は受け流すか、対象をぼかして答えるようにしましょう。

雑談の OK ／ NG フレーズ

 \NG!/ 猫を飼っています

 \OK!/ 元気な白猫と黒猫を 1 匹ずつ飼っています

 \NG!/ 電車に乗れなかったんです

 \OK!/ 電車に間に合わなくて、ショックでした

 \NG!/ あそこの定食はおいしいです

 \OK!/ あそこの定食はおいしいですよね

 \NG!/ それは○○さんが悪いですね

 \OK!/ そのようなことがあったのですね

 Point

☑ 頭に映像が浮かぶ話し方を心がける
☑ 共感できるような話し方を意識する
☑ うわさ話や愚痴、悪口などには深入りしない

困ったときの
言い換え表現

　新人のうちは、上司の間違いを指摘しにくいものです。「そこ、間違ってますよね？」と伝えて、生意気だと思われるのは避けたいという人もいるでしょう。そんなときは、「間違いに触れずに、正しい情報を改めて伝える」という方法もあります。

　例えば、上司がシステムの導入について話をしているなかで、発注金額が間違っていたとします。「金額が間違っています」と指摘するのではなく、「A社への発注金額は、300万円ですね。契約書を作成しておきます」と正しい情報を伝えると、相手のプライドを傷つけることなく、情報を確認できます。もちろん、指摘しても問題ないような関係性であれば、回りくどいやり方をする必要はありません。相手のタイプを見極めて、よりよい方法を見つけましょう。

\OK!/ A社への発注金額は、300万円ですね。契約書を作成しておきます

\NG!/ 金額が間違っています。300万円です

第 6 章

\ 覚えておきたい /

相手に響く
話し方

好印象をあたえるには、聞き手の心をつかむテクニックも重要です。「上司への報告」「営業先への提案」「同僚との日常会話」など、それぞれの場面に適した話し方があります。「話すことでどうなりたいのか」が明確にして、するべき話し方をできるようになりましょう。

結論から話す「PREP法」

●「何が言いたいの?」とならないために

新人のうちは自分で判断できることは少ないので、上司への「報告・連絡・相談」をする機会が多くなります。そのときに多いのが、何を言いたいかが上司に伝わらないという現象です。

伝え下手な人は「自分が心に残ったこと」や「思いついた順番」で話してしまいがちです。そうなると、相手は何を聞かされているのかわからなくなります。**相手に伝わりやすく話せるようになるために、まずは話し方の基本ルールを理解しましょう。**

論理的で伝わりやすい話し方のひとつが、結論から話す「PREP法」です。PREPとは「Point(結論)」「Reason(理由)」「Example(具体例)」「Point(結論)」の頭文字であり、この順番で話すと相手に伝わりやすいとされています。

PREP法のやり方

話す順番	内容	理由
1	Point(結論)	最初に結論を伝えることで、何の話をするのかを明確にする
2	Reason(理由)	結論に至った理由を伝え、相手の疑問点を解消する
3	Example(具体例)	具体例を伝えることでイメージの共有ができ、より相手が納得できるようになる
4	Point(結論)	改めて結論を伝えることで、話の脱線を防ぎ、相手が答えやすくなる

● まずは結論を意識する

「何を言いたいかわからない」となってしまう原因は、結論までたどり着くのに時間がかかるからです。相手に判断を求めたいときには、「○○の件について、ご意見うかがいたいです」や「A社への値引きはいくらまで可能ですか？」のように、**最初に聞きたいことを言ってしまいます**。

結論を言わずに、「A社へ見積もりを出したのですが…」「昨日の商談で担当者が金額にこだわっていて…」などの情報を先に伝えてしまわないように注意しましょう。何の話かをわかっていない状態では、相手は話を聞いても判断できません。結論がわからない話を聞くのは相手にとってストレスにもなるため、話し方次第では、印象が悪くなることもあります。

結論がない会話

何の話かな？

先方がサービスに感心してくださいまして…

昨日のA社さんとの商談なのですが

上司　　　　　　　　　　　　　　　自分

忙しいのだけど……

先日フィードバックいただいた件、改めて考えたんですが

この商品の魅力は品質だと思ったんですね

取引先　　　　　　　　　　　　　　自分

意識しないと、話し手は時系列や印象に残った順番で話をしてしまいがち。結論から話すことで、相手にとって聞きやすくなる

● 結論では自分の意見を伝えよう

　最初のうちはともかく、少しでも経験を積んできたら自分の意見を伝えられるようになることが、社会人にとっては重要です。なぜなら会社側は、自分で判断できる社員には、責任ある仕事を任せたいと思っているからです。**いつまでも「どうすればいいですか？」と聞いているようでは、次のステップには進めません。**「このようにしたいと思いますが、よろしいでしょうか？　なぜなら〜」と自分の意見を論理的に話せるようになると、上司から評価されやすくなります。

● 理由がわかれば上司が判断できる

　最初に結論を話せたら、次は理由を伝えます。「A社への値引きはいくらまで可能でしょうか？」が結論であるならば、「先方が金額にこだわっていて、値引きできれば契約につながりそうです」と許容額を聞きたい理由を伝えます。**結論と理由がセットになっていてはじめて、聞き手は判断ができます。**

聞き手が重視する「理由」

結論	**値引き\nしたい**	

「値引きしたい」だけ言われても…

なぜなら…

| 理由 | **契約が成立\nしやすく\nなるから** | |

OKの場合 → 確かに値引きは有効だ

NGの場合 → ほかによりよい方法があるよ

聞き手は「理由」に対して、それが妥当かどうかを判断する。理由が納得のいくものだった場合、より結論に同意してもらいやすくなる

● 理由の質と数にこだわろう

理由を伝えるときに意識しておきたいのが、きちんと相手に意味が通じるかです。例えば、「値引きをしたい。なぜなら会社の利益になるから」と言われたらどうでしょうか？　話し手には、「相手が大口の顧客で、信用されれば今後の取引につながるので、会社の利益につながる」というロジックがあるのかもしれません。しかし、聞き手にとっては「値引き＝会社の利益」にはつながりません。論理的な飛躍がないか、もしくは意味が通じない理由を挙げていないかを、話す前に確認するようにしましょう。

また、**相手を説得したいような場面では、複数の理由を持っておくのがおすすめです**。ひとつの理由だけだと、それが否定された場合は提案が通りません。「私はこう思います。理由は3点ありまして〜」と説明すれば、格段に主張が通りやすくなります。

複数の理由で伝える

結論　**値引きをするべき**

理由①	理由②	理由③
契約がとれる	**信頼関係が築ける**	**コストが抑えられる**

これらの理由から主張します

この理由はいいな

ひとつの理由では納得してもらえなくても、複数の理由を伝えれば、どれかが相手に刺さる可能性が高くなる

● 具体例でイメージさせる

　人は具体例があると、イメージしやすくなります。「A社への値下げはいくらまでできますか？（結論）」「多少値下げできれば、契約が取れそうです（理由）」と結論と理由を伝えたあとで、「このあとA社に再度金額を提示します」と**具体的な行動を説明すると、相手は聞かれた数字が何に使われるのかイメージしやすくなります。**

　相手を説得するような場面でも、具体例は重要です。「この商品がおすすめです（結論）」「なぜなら、他社製品よりコストパフォーマンスに優れているからです（理由）」と説明するだけでは、相手がイメージできません。「他社製品よりも 1.2 倍長寿命で、電気代は 1/2 です」と具体例があれば、イメージが湧きやすくなり、相手の心はグッと動きます。

PREP 法の具体例

「A社への値下げはいくらまで可能ですか？」	結論

▼

「金額がネックとなっており、値下げできれば契約がとれそうです」	理由

▼

「このあと改めて、A社に金額を提示します」	**具体例**

▼

「具体的な金額を教えてください」	結論

さきに「結論（聞きたいこと）」から話すことで、相手が理解しやすくなる。説得するのでなければ、「具体例」は、そのあとの自分の行動を報告しても OK。最後に「最初の結論」を補足する形で、改めて結論を話すようにしよう

• 最初は5W2Hを押さえよう

　まだ経験が浅い間は、自分で判断がつかないときもあります。そんなときは、「報告・連絡・相談」を意識して、上司と積極的にコミュニケーションをとるようにしましょう。とくに、When（いつ？）・Where（どこで？）・Who（誰が？）・What（何を？）・Why（なぜ？）・How（どうやって？）・How much、How many（いくらで／いくつ？）の5W2Hを伝えることが大切です。**これらの情報を意識して伝えると、客観的な事実を漏れなく伝えられるようになります。**「ちょっと前に」「安い金額で」など、主観が入った言葉を使うのは控えるようにしましょう。最初のうちはミスがあっても構わないので、事実を包み隠さず報告するようにし、自分の意見の場合は「これは私の考えですが」と補足して伝えます。

ホウ・レン・ソウで押さえたい5W2H

When（いつ？）	締め切り・打ち合わせ日時など
Where（どこで？）	打ち合わせ場所・訪問先の所在地・場所の特徴（打ち合わせできる静かな場所）など
Who（誰が？）	担当者（自社・他社）、取引先社名など
What（何を？）	仕事や商品内容・価格・条件など
Why（なぜ？）	目的・意義・理由など
How（どうやって？）	方法・段取り・手順など
How much（いくらで？）／How many（いくつ？）	金額・数量・人数など

Point
☑ わかりやすい伝え方は話の順番が大切
☑ 結論を最初に伝えると相手が理解しやすくなる
☑ 具体例はイメージしてもらうのに役立つ

不要なことは
なるべく話さない

● 長いと伝わらない

　たくさんの人がプロジェクトにかかわります。企画の立案者がいて、それを承認する人がいて、さらにプロジェクトを実行する人がいます。プロジェクトを実行する人はひとりではなく、社外に委託する場合もあります。そして、多くの人がかかわるときに気をつけたいのが、意図が正しく伝わるかどうかです。「魅力を伝えたいので、たくさん言葉を重ねる」という人がいますが、**言葉が長くなるほど誤解が多くなったり、理解してもらいにくくなったりします。**

「今までにないあたらしいファミリーカーで、とくにたくさんの女性のユーザーの意見を取り入れて開発した自動車です」というよりも、「女性向けのファミリーカー」と言葉を削ったほうが伝わります。せっかくの努力をムダにしないために、短く伝えるべき場面で、長く語りすぎないようにしましょう。

● 相手が知りたいことを伝える

　話し方で重要なのが、「相手が何を考えているか」を理解して話すことです。話し出す前に「相手は説明を何に使うのか?」「どんなことに興味があるのか?」を考えるようにしましょう。

　例えば、上司から「進捗はどう?」と聞かれたとします。このとき上司は、「仕事が問題なく進んでいるか?」を気にしています。そのため、「問題なく進んでおります」や「納期が遅れる懸念があります」など**状況をシンプルに答える**と喜ばれます。「こんなことをがんばっています」など見当違いな回答をしないようにしましょう。

短く伝える効果

\NG!/

> 今までにないあたらしいファミリーカーで、
> とくにたくさんの女性のユーザーの意見を取り
> 入れて開発した自動車です

\OK!/

> 女性向けのファミリーカーです

たくさんの情報を一度に処理するのは難しい。なるべく言葉を絞ってシンプルに
伝えることで情報をわかりやすく伝えることができる

情報の選択が必要

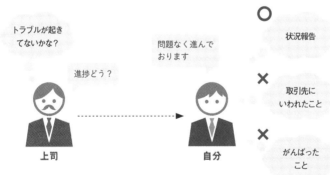

トラブルが起き
てないかな？

問題なく進んで
おります

進捗どう？

○ 状況報告

上司　　　　　　　　　　自分

× 取引先に
いわれたこと

× がんばった
こと

自分のなかにある情報をすべて伝えるのではなく、
相手を見て伝える情報を選ぶようにしよう

Point

☑ 言葉は短い方が相手に伝わりやすくなる
☑ 長い言葉は聞いてもらえない可能性が高くなる
☑ 相手が聞きたいことを考えながら話そう

「でも」は極力避ける

● ネガティブな印象をあたえない

　社内で話すときも、取引先と話すときも、使わないようにしたほうがよい言葉があります。それは、「でも」などの、ネガティブな印象をあたえてしまう接続詞です。**これらの接続詞は意図にかかわらず、反論したり、言い訳したりしているように聞こえてしまいます。**「でも、それは難しいと思います」といわれると、相手をムッとさせてしまいます。「でも」を使わないようにするのはもちろん、「こういう懸念点があるのですが、どうすればよろしいでしょうか？」と、疑問形にして尋ねるようにしましょう。相手を否定するのではなく、自分が納得できていない根拠をすり合わせるイメージで話します。自分の主観ではなく、数字や過去の事例などを根拠に意見を伝えられるようになると、角が立たないように説得することができます。

● 感情的な言葉は避けよう

「だって」は相手に反論したいときに出てしまう言葉です。相手にいわれたことについての不満があり、反発している印象をあたえてしまいます。ビジネスにおいて、感情的になるのは避けるべきです。相手との意思の統一ができて、プロジェクトを円滑に進めることが目標なのですから、感情的になってよいことはひとつもありません。**相手の意見に反対したいときは、根拠を冷静に示すようにしましょう。**相手が目上の人だった場合は、「でも」のときと同じように疑問形で尋ねます。「どうせ」といった言葉も、相手に悪い印象をあたえます。「やる気のなさ」や「あきらめてしまった雰囲気」が言葉からにじみ出て

しまうからです。実現が難しそうなことにたいしても、「きっとうまくいきます」「達成できるよう努力します」と前向きな姿勢を見せるのが大切です。

前向きな言葉への言い換え

\NG!/ でも、それは難しいと思います

\OK!/ このような懸念点があるのですが、どうすればよろしいでしょうか？

真っ向から意見を対立させるのはリスク大。目的が意見のすり合わせであるならば、相手の感情を荒立てない言い方をしよう

\NG!/ だって、取引先が悪いじゃないですか？

\OK!/ このようなことがないように、以後気をつけます

社会人には自己反省の姿勢が求められる。相手が悪い場合でも、自分にできることはなかったか省みる習慣をつけよう

Point
☑ ネガティブな接続詞は使わないようにする
☑ 言い訳や反論はせず、自己反省する
☑ 上司には、**疑問形で尋ねる**と柔らかい印象になる

相手の話をしっかりと聞く

● 聞いてもらうのは " 快楽 "

　とくに雑談のときには、自分が話すよりも相手の話を聞くことを意識しましょう。ハーバード大学の神経学者による研究では、**自分の話をするときには、ドーパミン放出に関係があるとされる脳の部位が刺激される**ことがわかっています。

　ドーパミンは快楽物質とも呼ばれ、おいしい食事を食べたり、金銭を得たりするときに分泌されます。自分の話をすることは、食事やお金と同類の快感が得られるのです。

● 話術がなくても楽しんでもらえる

　雑談のときには、「相手が喜ぶ話をしよう」「おもしろい話をしなければ」というマインドになりがちです。とくに自分は話すのが苦手だという自己認識がある人ほど、その傾向があります。しかし、人間は自分の話をするのが好きな生き物です。**無理に話そうとしなくても、相手の話をしっかりと聞く姿勢を持つことでも、好印象を抱かれるようになります。**

　笑いを取ったり、巧妙な話術で相手の興味を引いたりできるのはすごい才能ですが、それができなくても聞くだけで相手を楽しませることもできるのです。

● 相手の話をさえぎらない

　商談や雑談のときにやってはいけないのが、相手の話をさえぎるこ

とです。とくにしてしまいがちなのが、「それって要するに○○ですよね」と話をまとめてしまう行為です。相手の要領を得ない話を要約してわかりやすくしてあげているのかもしれませんが、**相手にとっては楽しく話しているのをさえぎられたように感じてしまいます。**

また、相手が話しているのに「自分のほうがもっとおもしろい話ができる」と相手の話をさえぎったり相手から話題を奪ったりして自分の話をしないようにしましょう。「そうですね。私も実は……」などと、自分の話に持っていくのではなく、質問したり、共感したりして、相手の話をふくらませるようにしましょう。

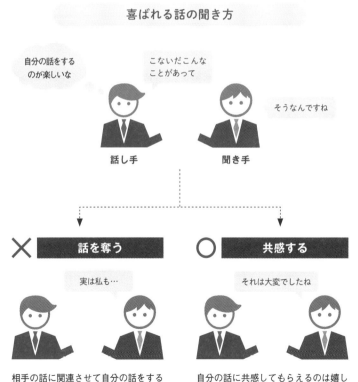

喜ばれる話の聞き方

自分の話をするのが楽しいな

こないだこんなことがあって

そうなんですね

話し手　　　　聞き手

✕ 話を奪う

実は私も…

相手の話に関連させて自分の話をするのは、相手が話す機会を奪ってしまう

○ 共感する

それは大変でしたね

自分の話に共感してもらえるのは嬉しいもの。しっかりと聞いてくれているようにも感じられ、印象もよくなる

• アドバイスは控えよう

　雑談においては、相手にアドバイスをするのは控えたほうがいいでしょう。雑談は会話を楽しむ時間です。**よいアドバイスだったとしても、問題が解決することで会話が終わってしまいます**。また、上から目線だと感じられたり、見当はずれなアドバイスをしてしまったりするリスクもあります。そもそも、相手がアドバイスを求めていないケースも多くあります。「自分の苦しみをわかってほしい」と思っているのに、アドバイスをされるのは話し手にとってあまり心地のいいものではありません。そういうときは相手の苦しみに共感を示すようにしましょう。

• 聞いてほしいポイントを探ろう

　相手が自分の話をするとき、意識しているかどうかにかかわらず、「聞いてほしいポイント」というものが存在します。話のなかで、相手が聞いてほしいポイントを見つけるのにおすすめの方法が「どこに感動したのか」「何が楽しかったのか」など相手の感情を考えながら耳を傾けることです。

　相手の話を聞く場合は、そこにたどり着くまではじっくりと話を聞いてあげるようにしましょう。相手にとっては、言語化できていない自分の感情を引き出してもらえたように感じ、あなたと話してよかったと好印象を持ってもらえるでしょう。

• イメージしながら話を聞こう

　そのほかに相手の話を聞くときに有効なのが、頭のなかで映像をイメージする方法です。ただ漫然と聞いていると、相手の話へのリアクションが淡泊になってしまいやすいものですが、**映像をイメージすることによって、自分が体験したかのようにリアクションできる**ようになります。

相手の気持ちを見極める

① じっくり話を聞く

こないだ久しぶりにサッカーをしました

サッカー！いいですね

② 相手の話したいことを掘り下げる

3点もゴールを決めたんですよ

すごいですね！どんなゴールだったんですか？

「聞いてほしい話」にたどり着くまでは話を脱線させないようにする。「どこでしたんですか？」などは NG。相手がうれしそうに話すことに対して、掘り下げるようにしよう

映像をイメージする

こないだオープンしたてのカフェに行って

それはいいですね！

相手がカフェへ行った話をしていたら、頭のなかでその人がカフェに行っている映像をイメージしてみよう。相手がどんな話し方をしていても、感情をこめてリアクションできるようになる

Point
- ☑ 自分の話をすると、人間は快楽を感じる
- ☑ 話を要約するのは、逆効果な場合がある
- ☑ 相手の話は映像をイメージしながら聞くようにする

数字を交えて話す

● 正確に伝えられる

　話に数字を取り入れるメリットのひとつに、正確性が挙げられます。「ちょっとだけ話せますか？」という言葉だけだと、**実際に何分必要なのかは個人差があります**。1分かもしれませんし、5分かもしれません。人によっては15分ぐらいを想定している場合もあります。話し手と聞き手の認識の差によっては、「こんなに時間がかかるなんて」と思われてしまいます。

数字なら正確に伝わる

数字を使わない場合

10分
ちょっと時間ください

1分くらいかな

「ちょっと」「少し」「たくさん」といった言葉は、人によって感覚が違うため正確に伝わらない

数字を使う場合

5分
5分だけ時間をください

5分ならいいか

数字を使うと、正確にイメージを共有できる。忙しい相手に伝える場合や正確な情報伝達が求められる場合には数字を使おう

数字を使えば、そういった認識の差はなくなります。「5分だけなら大丈夫です」など、時間に限りがあるときや正確に伝えたいときは、数字を交えて話すようにしましょう。

● インパクトがある数字を使う

取引先への提案やプレゼンなどで、相手を動かしたいときにも数字は有効です。そういうときは、ただ数字を使うのではなく、相手に響く数字の使い方を意識します。例えば、外貨預金の金利をアピールして、預け入れをお願いしたい場合、ただ「外貨預金の金利は1.7%です」とそのまま伝えても効果はありません。それを「定期預金の170倍です」のように、**身近な例と比較すると相手に響くようになります**。そのほか「〇〇%引き」「〇〇が△個分の割引」など、数字の使い方を工夫することで、相手にインパクトをあたえられます。

数字の伝え方を工夫する

 \NG!/
売上が10%増えました

 \OK!/
1日あたり50個売上が増えました

相手がイメージしやすい数字に置き換えることで、相手の判断が変わることもある。どのような数字が有効かを考えるようにしよう

 Point
☑ 数字は**正確な情報共有**が求められる際に有効
☑ 相手を動かしたいときには、**伝える数字を工夫する**
☑ **イメージしやすい数字**はインパクトが大きくなる

「クッション言葉」で
印象を柔らかくする

● 言いにくいことをどう伝えるか?

ビジネスにおいては、言いにくいことを伝えなければならない場面は数多くあります。例えば、相手の提出物にミスがあったり、クオリティが低かったりすれば、再提出を依頼しなければなりません。しかし、**相手が入念につくり上げたものに対して、誤りを指摘するのは気が引けるものです。**相手が忙しい場合には、嫌な顔をされてしまうかもしれません。

伝え方には要注意

がんばって
つくったのに

再提出をお願い
します

● 「クッション言葉」でトラブルを避ける

言いにくいことを伝えるときに重宝するのが、「クッション言葉」です。言いにくい言葉の前に付け加えることで、印象を柔らかくすることができます。**相手をムッとさせない効果があるほか、自分も言いにくいことが言いやすくなる**ため、覚えておくといいでしょう。

さきほどの例でいえば、「再提出をお願いします」とだけ言うと角が立つ場合があります。それを「恐れ入りますが、再提出をお願いします」と「恐れ入ります」というクッション言葉を入れることで、印象を柔らかくすることができるのです。

● 断るときのクッション言葉

相手の依頼を事情によっては断らなければならない場合もあります。わざわざお客さんが自分の会社を選んでくれていたり、上司が自分を指名してくれたりした場面では、**相手への感謝や謝意を伝えることが大切です**。また、できない理由もセットで伝えられるといいでしょう。

依頼を断るときの例

 \NG!/ ほかの予定が入っており出席できません

 \OK!/ 申し訳ございませんが、在庫がなく、ご用意できません。ご理解いただけますようお願いいたします

 \OK!/ 申し上げにくいのですが、おうかがいできません

 \OK!/ あいにくサービスが終了しており、対応できません

 \OK!/ 心苦しいのですが、お受けすることができません

後ろに「ご理解ください」などの言葉を入れると、より印象が柔らかくなる

• 依頼するときのクッション言葉

　こちらからお願いするときは、**相手の事情を配慮していることが伝わるクッション言葉が有効**です。ただお願いするだけでは、「ずうずうしい人だな」と思われてしまいますが、クッション言葉があるだけで印象はよくなります。信頼関係を築くことにもつながるので、積極的に使うようにしましょう。

依頼するときの例

 準備してもらえますか？

 ご多用のところ恐れ入りますが、資料をお送りいただけますか？

 ご足労おかけし恐縮ですが、弊社までお越しいただけますか？

 ご迷惑でなければ、おうかがいしてよろしいでしょうか？

 差し支えなければ、ご協力をお願いできますか？

相手をねぎらう言葉を使うと、気遣いが感じられるようになり印象がよくなる

● 反論するときのクッション言葉

意見を言ったり、反論したりする場合には角が立ちやすいものですが、**クッション言葉を使えば印象を柔らかくできます**。感情的な言い方を避け、根拠を示すようにする（138ページ）、疑問形で尋ねるなどの方法を使って、ムッとされないような言い方を目指しましょう。

反論するときの例

\ NG! /
問題があると思います

\ OK! /
私の思い違いでしたら申し訳ないのですが、〇〇ではなかったでしょうか？

\ OK! /
差し出がましいようですが、再度ご検討いただきたく存じます。何卒よろしくお願いします

\ OK! /
僭越ながら、B案のほうがよいと思います。なぜなら……

最後に改めてお願いすることで、真摯な姿勢を伝えられる

Point
☑ クッション言葉で印象を柔らかくできる
☑ 相手を配慮する気持ちを伝えるのが大切
☑ クッション言葉で言いにくいことも言いやすくなる

自分らしく話してみる

● 話し方はメンタルが大事

　人前で話すのが苦手な人のなかには、話すことへのトラウマを抱えた人が少なからずいます。「話がつまらないと言われた」「大勢の前で失敗した」「相手を怒らせてしまった」などの経験から、自分は話し下手だと思い込んでしまっているのです。その結果、「がちがちの敬語」や「マニュアルどおりの話し方」で話すようになってしまいます。

　しかし、ときには**「自分らしく話すこと」が魅力的に見える場合があります**。素直な感情が伝われば、相手も心を開いてくれるでしょう。逆に「敬語」や「話し方」で取り繕おうとすると、相手の心が離れていってしまう場合があります。

● 否定しないことからはじめる

　誰とでも楽しそうに話し、みんなを笑顔にできるような人がいますが、その人とくらべて焦ってはいけません。自分を追い込もうとすると、無理して言葉をひねり出すようになり、うまく話せなくなります。

　誰とでも楽しく話すためには、「話していて楽しい」という経験を積むことが大切です。そのためには、気楽に話せる人間関係を徐々に築いていくといいでしょう。相手を否定しない友人やグループを見つけることを日頃から意識します。

　一方で、自分が相手を否定しないように心がける必要もあります。会話に苦手意識があると、相手を気遣う余裕がなかったりするものです。「返報性の原理」という、相手にしてもらったことを同じように返すという心理学的な法則が働くと、**自分がおだやかに接すれば、相手も**

同じように返してくれます。気楽に話せる経験が増えると、会話で自分が出せるようになり、話し方が上手になります。

● あえて言葉を崩してみる

気楽に話せそうな相手には、敬語を使いすぎず、あえて言葉を崩してみるという方法もあります。「かしこまりました」のように、**いつまでも丁寧な敬語を使っていると、距離感は縮まりません。**ときには「了解」や「わかった」のように、敬語を話さないほうが仲良くなれる場合があります。やりすぎたと思えば、また丁寧な敬語に戻ればよいのです。自然体で話す意識を持ち続けると、テクニックでは身につかない魅力が出せるようになります。

同僚とのコミュニケーション

⚠ **敬語を使いすぎる**

カタいな…

かしこまりました

◎ **あえて敬語を使わない**

仲良くなれたかも…

りょうかい

親しくなってきたら、あえて敬語をやめてみてもよい。フランクに接することで、より仲良くなれることもある

Point
☑ 気軽に話せるようになると、話し方の魅力が増す
☑ 自然体で話せる相手や場を増やすようにする
☑ 敬語を控えることで、距離が縮まるケースもある

普段の言動や表情に気を配る

• 違和感を修正していく

　敬語を使い慣れていないと、過剰だったり、相手に違和感をあたえたりする敬語を使ってしまいます。その代表例は「させていただきます」です。「ご説明させていただきます」「ご連絡させていただきます」は、丁寧すぎる印象をあたえてしまいます。「ご説明いたします」「ご連絡いたします」としたほうが違和感はなくなります。

　普段使っている言葉の違和感に自分で気がつくのが、上手な話し方につながります。自分がよく使う言葉や会話中の言葉に違和感を覚えたら、一度見直してみましょう。

• すぐ使える言葉をストックする

　使いがちな言葉を修正していくのに加えて、使いやすい言葉をどんどん取り入れていくのもおすすめです。「かしこまりました」「恐れ入ります」「申し訳ございません」など、**使う機会の多い言葉は自然と口にできるように声に出して練習するといいでしょう**。普段使わない敬語は、知識として覚えていてもとっさにはでてこないものです。

　敬語の語彙を豊かにしていくと、目上の人と話すときに役立つようになります。

• 言葉以外にも気を配る

　言葉だけ丁寧であっても、姿勢が悪かったり、気持ちがこもっていなかったりすると、相手に不快感をあたえてしまいます。とくに決まっ

たフレーズを言おうとすると、言葉以外の部分に意識が向かなくなるので注意しましょう。

　声色や表情、姿勢など言葉以外の話し方も相手にあたえる印象を大きく左右します。低い声よりも高い声のほうがポジティブな印象をあたえます。低い声は、慎重さを感じさせるので場面によって使い分けるといいでしょう。相手にこびるような態度も印象が悪いため、リラックスしてまっすぐ立ち、堂々としながらも謙虚な姿勢が相手に伝わるようにしましょう。

言葉以外に気をつけるポイント

表情

上目遣いをするなど、へりくだりすぎるのはNG。無表情にならないように気をつけるがやりすぎないようにする

目線

相手の両目と喉元を結んだ三角形のあたりを凝視はせずに見つめると、圧迫感がなく、しっかり注目している印象をあたえられる

姿勢

猫背にならないように背筋を伸ばす。ただし、力みすぎないようにする。足は肩幅ぐらいに

声色

高い声は喜びや情熱、低い声は慎重さや怒りの感情が伝わりやすくなる。場面に応じた声を出せると信頼感がアップする

Point

☑ 自分の言葉に違和感がないか気を配る
☑ とっさに使えるような敬語を用意しておく
☑ 言葉以外にも、姿勢や声色、表情などに気をつける

難しい言葉を使わない

● カタカナ語の使いすぎに注意

　自分を賢く見せたいのか、必要以上にカタカナ語を多用する人がときどきいます。しかし、それは聞き手にとって印象が悪いので、なるべく避けるようにしましょう。「当社のベネフィットは……」「昨年のアジェンダによりますと……」など、**カタカナ語が入ることで聞き手の理解が妨げられます**。日本語で言い換えられるのであれば、カタカナ語は使わないようにするべきです。賢い人ほどわかりやすく説明する能力が高いもの。その単語がわからない人を切り捨てるような態度は、相手に不快感をあたえる可能性があります。

印象が悪いカタカナ語

この企画によるベネフィットは……

"利益"じゃダメなの?

昨年のアジェンダによりますと……

話についていけない…

弊社はダイバーシティを尊重します

"多様性"でいいよね

● 業界用語を使わない

　自分と異なる業種の人に、業界用語を使うのも避けるようにしましょう。さまざまな業界で、**専門性の高い用語が日常的に使われますが、他業種の人には理解が難しいものもあります**。「コンバージョン」「リーチ」「アサイン」などは、多くの人が理解できない単語です。伝わらない可能性があるならば、言葉を選ぶようにしましょう。普段当たり前のように使っている言葉が、実は業界用語だったというケースもあります。同僚と話すときと外部の人と話すときは、意識を切り替えるようにしましょう。

　業界の違い以外にも、年代や性別によっても伝わりやすい言葉は変わってきます。自分が普段使っている言葉が、同年代や仲間内でしか使われないものではないか見直してみましょう。指摘されなくてもうまく伝わっていない可能性があります。「**年配の人には近年使われるようになったばかりの言葉の使用は避ける**」といった配慮が、自分と異なるバックグラウンドを持つ人と話すときには求められます。

相手に合わせて言葉を選ぶ

申し訳ありません。"リスケ"させてください

リスケって何ですか？

年代や性別、業種によって伝わりやすい言葉は異なる。相手の属性に合わせた言葉遣いを意識しよう

Point

☑ **カタカナ語の多用は相手の理解を妨げ、悪印象**
☑ **業界用語を外部の人に使わないようにする**
☑ **年齢や性別を意識した言葉選びで印象がよくなる**

相手の理解を待つと
伝わりやすくなる

● 話すペースを意識する

どんなにわかりやすく、丁寧だったとしても、相手の理解が追いつかないスピードで話をしてしまえば台無しです。なんとか理解できたとしても、相手を楽しませたり、納得させたりはできません。聞き手によっては、「親切ではない」という印象を受けます。

印象のよい話し方をするには、相手が心地よく感じられるような速度で話すようにしましょう。**心地よい速さとは、がんばらなくても理解ができるくらいの速さです。**まず聞き手側が理解できているかを意識する習慣をつけましょう。

● イメージできるよう間を意識する

話す速度に加えて、間を意識するのもおすすめです。「今期の売上は1000万円です（間）。前年比は30％増で（間）、業績は好調だといえます」と適度に間を取って話すようにすると、相手の理解が追いつくようになります。**自分の言葉によって、相手の頭にイメージが湧くようにするのが、上手に間を取るコツです。**

難しい話をしているときほど、聞き手は理解に時間がかかります。そんなときこそ間をゆっくり取るようにしましょう。

● 簡単な言葉を使う

中学生でもわかるような言葉を使えば、相手は理解がしやすくなります。**相手にスムーズに理解してもらいたいのであれば、使う言葉を**

平易なものにしましょう。難しい言葉の使用を避ければ、聞き手は話をイメージしやすくなります。

理解してもらうための「間」

今期の売上は1000万円です（間）

1000万円

30%増

前年比は30%増で（間）

うんうん

間をつくらずに話し続けると、相手は理解が追いつかなくなる。相手がイメージするのを待ってあげるイメージで話すと、上手に間が取れるようになる

聞き手基準を中学生に設定する

✕ **大人に設定**

嫌な人だな

もちろん知っていますよね？

経験のある先輩だからといって、何でも知っているとは限らない。「これくらいは知っているだろう」と思って話すと、相手に嫌な思いをさせてしまう

◎ **中学生に設定**

わかりやすい

○○というのは△△という意味で

中学生にもわかるように話すという基準を設定すれば、相手もスムーズに理解できるようになる。ただ、それはあくまで内容についてであり、子どもに話すような話し方はしない

Point

☑ 早口すぎると相手に理解されず、印象も悪くなる
☑ 相手がイメージできるぐらい、**間を取って話す**とよい
☑ **簡単な言葉**を使うと、相手もイメージしやすくなる

雑談で信頼関係を築く

● ビジネスで大きな役割を果たす"雑談"

「社内の人とのちょっとした会話」や「取引先の人との雑談」は、信頼関係の構築に大きな役割を果たします。業務に関係する会話だけではわからないその人の人となりが、日常の出来事や趣味などの雑談によってわかり、親近感がわくためです。特別な能力や実績があれば別ですが、基本的には信頼関係がない相手には、大きな仕事を任すことはできません。**雑談で上手に信頼関係が築ければ、大きな仕事を任せられる可能性が高まるのです。** 仕事と関係ないからと人と話さないことはもったいないことです。

● 信頼関係には「感情」が大切

とくに男性は、雑談からでもビジネスに役立てようとしてしまう傾向がありますので注意しましょう。「業界の動向」「おすすめの飲食店」などの情報を交換し有意義な話ができたと思っても、相手はそう思っておらず、信頼関係の構築につながらないというケースは多々あります。情報を教えてもらったとしても、相手にとってはあなたがどのような人物かが伝わらないからです。

雑談で信頼関係を構築するという視点に立ってみると、「相手がどう感じたのか」「自分はどう感じたのか」といった感情を伝え合うことが大切です。「この人は自分の気持ちがわかる」「この人はこういう場面でこのような感情を抱く」といった内面の部分の交流ができれば、信頼関係の構築につながるでしょう。話し方はもちろん、自分の態度が相手にどのような印象をあたえるか考えるとよいでしょう。

● 知識を披露しても関係は深まらない

雑談のときにやってしまいがちなのは、相手の話に上乗せして自分の知識を披露してしまうことです。相手が「ジャズが好きなんだよね」という話を始めたとき、「○○っていう演奏家を知っていますか？」などの**情報交換をするのは避けるようにしましょう**。信頼関係構築に大事なのは感情を引き出すことです。

まずは「ジャズのどんなところが好きなのか？」「ジャズを聞くとどういう気持ちになるのか？」を尋ねるようにしましょう。相手が感情をオープンにしたら、「自分もジャズのこういうところが好きで……」と自分の感情も伝えるようにします。好きなものは相手と同じでなくても構いません。どういう人間かが伝われば、それだけで相手は信頼してくれるようになります。

雑談のポイント

◎ 感情にフォーカスする	✕ 知識にフォーカス

相手は何が好きかな　　自分は○○と感じます

この情報知っているかな？　　あの情報は教えてほしいな

知識に重きを置くと、雑談はおもしろみに欠けてしまう。相手の感情を引き出したり、自分の感性を伝えたりすることで距離感が縮まりやすくなる

Point
☑ 雑談は信頼関係が構築できる貴重な場
☑ 内面の部分を伝え合うことが雑談では大切
☑ 情報交換をしすぎないように気をつけよう

参考文献・参考サイト

『敬語の使い方が面白いほど身につく本——あなたの評価を下げている原因は「過剰」「マニュアル」「繰り返し」』合田 敏行（著）／一般財団法人 NHK 放送研修センター・日本語センター（監修）／あさ出版／ 2017

『がんばらない敬語 相手をイラッとさせない話し方のコツ』宮本 ゆみ子（著）／日経 BP 日本経済新聞出版／ 2022

『人は話し方が 9 割』永松 茂久（著）／すばる舎／ 2019

『話し方で損する人 得する人』五百田 達成（著）／ディスカヴァー・トゥエンティワン／ 2018

『一生使える話し方の教科書 成果が上がる』秋田 義一（著）／現代書林／ 2021

『たった一言で印象が劇的に変わる！話し方ドリル』神原 智己（著）／総合法令出版／ 2022

『感じがいいと思われる敬語の話し方』西出 ひろ子（監修）／川道 映里（著）／ナツメ社／ 2022

『デキる社会人になる！基本のビジネスマナー』相部 博子（監修）／西東社／ 2014

『モノの言い方 1 年生のキミへ』金森 たかこ（著）／西出 ひろ子（監修）／すばる舎／ 2019

『1 分で話せ 世界のトップが絶賛した大事なことだけシンプルに伝える技術』伊藤 羊一（著）／ SB クリエイティブ／ 2018

『少ない言葉＋ていねい＋正しそうで OK! 伝わるスイッチ』深沢 真太郎（著）／大和書房／ 2019

『大事なことは 3 語で伝えなさい 短い言葉は心に刺さる』野口 敏（著）／ PHP 研究所／ 2019

『一目置かれる「会話力」がゼロから身につく！超一流の話し方見るだけノート』野口 敏（監修）／宝島社／ 2021

『超雑談力 人づきあいがラクになる 誰とでも信頼関係が築ける』五百田 達成（著）／ディスカヴァー・トゥエンティワン／ 2019

やさしい・かんたん　話し方

2023 年 6 月 30 日　初版第1刷発行

編　者————日本能率協会マネジメントセンター
©2023　JMA MANAGEMENT CENTER INC.

発行者————張 士洛゜

発行所————日本能率協会マネジメントセンター
〒 103-6009　東京都中央区日本橋 2-7-1 東京日本橋タワー
TEL：03-6362-4339（編集）／ 03-6362-4558（販売）
FAX：03-3272-8127（販売・編集）
https://www.jmam.co.jp/

装丁————山之口正和＋齋藤友貴（OKIKATA）
編集協力——木村伸司、山﨑翔太、清水七海
　　　　　　（株式会社 G.B.）、内山ゆうき
本文デザイン——深澤祐樹（Q.design）
DTP————G.B.Design House
印刷所————シナノ書籍印刷株式会社
製本所————東京美術紙工協業組合

ISBN 978-4-8005-9124-1　C2034
落丁・乱丁はおとりかえします。
PRINTED IN JAPAN